博瑞森图书
BRACE
企业阅读 本土实践

像六个核桃一样

打造畅销品的36个简明法则

王超　范萍◎著

企业管理出版社
ENTERPRISE MANAGEMENT PUBLISHING HOUSE

图书在版编目（CIP）数据

像六个核桃一样：打造畅销品的36个简明法则/王超，范萍著. —北京：企业管理出版社，2016.11

ISBN 978-7-5164-1363-0

Ⅰ.①像… Ⅱ.①王…②范… Ⅲ.①饮料－食品工业－工业企业管理－经验－衡水 Ⅳ.①F426.82

中国版本图书馆CIP数据核字（2016）第233794号

书　　名：像六个核桃一样：打造畅销品的36个简明法则

作　　者：王　超　范　萍

责任编辑：程静涵

书　　号：ISBN 978-7-5164-1363-0

出版发行：企业管理出版社

地　　址：北京市海淀区紫竹院南路17号　邮编：100048

网　　址：http：//www. emph. cn

电　　话：总编室（010）68701719　发行部（010）68701816
编辑部（010）68701638

电子信箱：qyglcbs@ emph. cn

印　　刷：北京鑫益晖印刷有限公司

经　　销：新华书店

规　　格：170毫米×240毫米　16开本　14印张　145千字

版　　次：2016年11月第1版　2016年11月第1次印刷

定　　价：66.00元

导读

不管外部环境如何变化、技术如何创新，只要有商业行为存在，其价值交换的本质永远不会变，而作为商业行为的营销活动，产品就是价值的载体，贯穿在各个营销环节中。因此，从这个角度看，各种纷繁复杂的营销问题，实质上都源于产品。

如何打造具有价值驱动性的产品，从生产线上流通到货架上，成为商品，最终又从货架上流通到消费者手中，成为习惯性用品和畅销品，是我们十多年来从事快消品营销咨询工作中一直在思考及研究的问题。

本书分为上下两篇，上篇《六个核桃为什么卖得这么好》，完稿于2013年六个核桃实现60亿元销售额之际，展示了六个核桃营销战略历程的关键要点，并以此示例，提出了营销的阶段论、需求论及卡位论。

而下篇《产品畅销的6大要义36条简明法则》，用6大要义、36条产品简明法则，对如何打造畅销产品进行了全面而深入浅出的总结和归纳，这是对上篇提出的阶段论、需求论及卡位论的进一步完善，也是对我们近 20 年实践工作中研究结果的梳理及总结。

此书既非试图创造出一个营销新理论，也非为博取眼球而标新立异，只是厘清和还原了营销常识，建立以产品为核心的营销逻辑框架，希望能给那些脚踏实地做营销的实业家带来启发，看清本质、相信常识、尊重规律，像六个核桃一样把产品卖成畅销品。

2016 年 8 月 1 日

推荐序

回归产品　大道至简

一年前，尚扬营销战略咨询的王超先生和范萍女士告知我想写本书，结合六个核桃的案例对他们20余年来从事营销及品牌相关工作的实践、观察、思考进行总结。一年后，在书稿准备出版前，受两位作者之托，我对这本《像六个核桃一样：打造畅销品的36个简明法则》先睹为快，发表一些感想和看法。

平心而论，这本书不是深奥的营销理论书，也不是单纯的案例故事书，它是两位作者的营销洞见，对打造畅销产品提出的全面而系统的法则，构建产品成功实现市场化的内在逻辑。书中所述的6大要义、36条法则，并不像现在很多营销书籍为了追求噱头的标新立异，本书朴实无华却直击营销本质。

营销的本质和源头在于产品，是这本书开宗明义提出的基本法则。这一点，我感触尤深。如果深究六个核桃在市场竞争中取得的成绩，那是产品被广大的消费者认可的结果。这些年养元凭借六个核桃这支产品，不断地打磨产品价值及品质，满足了消费者对有价值的好产品的需求。消费推动销量、扩宽市场，消费者对六个核桃的广泛认同让其在市场竞争中获得盈利，赢得竞争优势，“产品是六个核桃的命脉”已成为养元上下一致认同的理念。

从消费者导向出发，书中对产品概念进行全新解构，认为产品由需求和体验构成，这和企业内部对产品的定义完全不同，它完全站在市场和消费者的角度定义产品的概念，这对传统的以企业为核心、以企业思维看产品的角度提供了新的思路，具有很强的启发意义。在当下和未来，消费者将面临越来越多的产品选择，只有那些能满足消费者某种需求的产品，才有机会获得被消费者选择的可能性，不仅如此，产品给消费者带来的价值体验感越强，越能够让产品具备突破消费者选择障碍的力量。在为六个核桃进行品牌营销战略咨询的工作中，尚扬把这一思路灌输给了六个核桃，指导着六个核桃产品的市场演化。事实证明，这个战略构想对六个核桃的市场发展起到了重大作用。

诚如书中所述，互联网技术为商业社会带来了巨大的变革，各种营销新概念、新模式层出不穷。但是，推动社会和商业变革的技术带来的永远是外在的条件和环境的变化，而基于人性、满足需求、实现价值交换的商业法则，无论是蒸汽机的工业时代还是大数据、移动互联的信息时代，亘古不变皆如此。因此，一方面，我们要勇于拥抱技术发展带来的营销新变革；另一方面，还需坚守营销本质，回归到产品本身，不断地探寻消费者的需求、不断地为消费者带来心悦诚服的价值体验。我认为这也是六个核桃要在充满变化、充满惊涛骇浪的市场竞争中保持竞争优势的定盘针。

养元和尚扬的合作长达9年，彼此间有了很好的默契，除了尚扬以其专业能力为六个核桃的发展提供了智慧支持外，尚扬两位创始人精进、务实的工作作风也和养元的憨言文化一致。这一点，从这本充满诚意的匠心之书中就可以体会到，不虚夸、不花哨、不妖言，阐明产品的营销之重，看似都是常识，却无疑对当前充满浮躁和迷茫的营销行业有着醍醐灌顶之效，大道至简，不忘初心，回归产品。

养元智汇饮品股份有限公司总裁

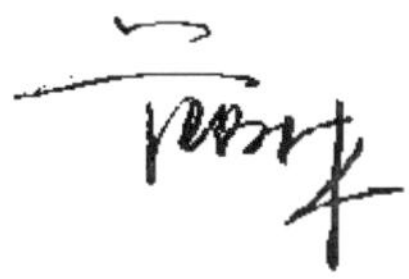

2016年7月

前言

根据中国饮料工业协会对 2015 年度饮料用罐量的统计，六个核桃 2015 年用罐量为 46 亿罐，居国内罐装饮料之首，这意味着六个核桃实际上已成为中国饮料第一罐。

从销量看，2015 年六个核桃销售额超过 100 亿元，2008 年养元企业正式启动六个核桃品类战略时，销售额只有 3 亿元，其销售额在 7 年时间增长了 30 多倍，年复合增长率 65% 以上。

在不到 10 年的时间里，仅凭一只 240 毫升的罐装核桃乳产品，六个核桃卖到了全国，不仅让核桃乳成为全国畅销饮料，还推动了植物蛋白饮料从中国饮料品类格局的边缘走向了主流。

近 10 年来，中国饮料市场竞争异常激烈，六个核桃在激烈的竞争中长成了“巨人”。因此，被称为除王老吉之外中国饮料行业的又一个传奇。

然而，和全球所有在商业市场上获得巨大成功的品牌一样，六个核桃的成功也不是毫无缘由的，传奇的背后自有其成功的内在因素。

作为六个核桃长期的营销战略咨询合作伙伴，我们有幸参与并见证了六个核桃缔造传奇的历程。同时，浸淫中国快消品营销咨询15载，对中国食品饮料行业的深度研究及咨询实践，我们在对行业各品牌的营销观照中，印证了以六个核桃为代表的成功营销原则及规律，即万法归一。营销的源点及终极在于打造产品，打造企业与消费者之间良性的价值流动链，这个就是实现从产品到商品再到畅销用品的过程。

世间的法则和规律往往都具有常识性，但因为常识的简朴、平常及恒定性，在技术进步推动社会变革的环境中，容易使人舍本逐末地追求浮于表面的繁复与花哨，而忽视本质层面的常识。

就营销而言，做好产品、满足需求似乎是老生常谈的常识。企业和营销人员也常常把产品挂在嘴边，甚至贴在墙上。但营销成功与否的关键在于产品是不是挂在了企业的心上，即企业是否真正在用心打造产品。

当下已迈入了互联网时代，这场基于信息技术的变革也在改变传统的商业游戏。比如，出现了电商新渠道、微商、O2O等新商业模式、即时即景的互动、开放的新传播方式等，所谓的互联网思维似乎对传统的商业规则进行了彻底解构，在追逐乱花迷人眼的新奇玩法时，很容易掩盖营销的本质。不忘初心，回归产品，在浮躁的当下尤其需要清醒的认识。

与六个核桃长达9年的合作中，参与和见证它从弱小到强大、从跟随到引领、从地方到全国的发展历程，并获得养元永久荣誉员工称号，是我们作为这个传奇品牌的营销咨询顾问的荣幸与财富，它为我们的研究提供了最佳范本，也是我们研究实践的成果。

在养元企业内部的品牌展示中，不仅能清晰地看到六个核桃的发展历程，还能强烈地感受到从创立到现在的十多年中，六个核桃对核桃乳这个产品的专注精研，诚如养元的营销舵手范召林总裁所秉承的“用匠人精神打造产品”的理念，这正是营销的不二法门。

此书的完成，除了要感谢六个核桃为我们的观点提供了最佳实践例证外，还要感谢我的妻子、事业伙伴范萍女士，她是我 20 年来从事营销及品牌类相关工作中最重要的合作伙伴。

接到博瑞森张本心老师的书约已两年有余，一直惴惴不安，不敢下笔，恐力所不逮，多有谬论，在本心老师和编辑马优老师的鼓励下，和内子范萍女士才小心翼翼地对以往工作的经验进行了梳理和总结，写成了这本小书，不惴简陋，深恐贻笑大方，在此，欢迎广大读者、同行不吝斧正！

再次感谢养元姚奎章董事长、范召林总裁、尚扬同仁及一切帮助过我们的师长、朋友！

王　超

2016 年 7 月

目录

上篇　六个核桃为什么卖得这么好

下篇　产品畅销的6大要义36条简明法则

上 篇

六个核桃为什么卖得这么好

——六个核桃战略解码

第一章

Chapter 1

营销竞争战略的阶段论

一、蝉之歌

法国昆虫学家法布尔对蝉是这样描述：“4 年黑暗中的苦工，一个月阳光下的享乐，这就是蝉的生活”，“掘土 4 年，现在才能够穿起漂亮的衣服，长起可与飞鸟匹敌的翅膀，沐浴在温暖的阳光中。什么样的声能响亮到足以歌颂它那来之不易的刹那欢愉呢”。

这里引用法布尔对蝉的一生的精彩描述，是因为商业社会中企业的发展规律和自然界物种的生命规律的一致性，都必须经历从小到大、从弱到强、从生存到辉煌的过程。中国所有发展中的民营企业，都有着如蝉一般“在黑暗中掘土”到“长起可与飞鸟匹敌的翅膀，沐浴在温暖的阳光中”的历程。不同在于，企业所处的竞争环境不同，企业家的性格及魄力各异，导致不同企业“在黑暗中掘土”的时间或长于 4 年或短于 4

年。市场竞争的残酷，甚至使有些企业可能等不到冲破黑暗的时刻。因此，关乎企业发展的营销竞争战略的阶段论具有深刻的现实意义。

二、企业营销竞争战略阶段论的定义

企业营销竞争战略的阶段论是指，因循内外部环境及自身资源状况的不断变化，企业采取与环境和资源匹配的最佳战略及行动组合。

一般来说，根据年度销售总量、利润额、市场份额及行业销量占比等指标进行阶段定位，企业的营销竞争战略可分为生存期战略、发展期战略和领先期战略。各阶段战略目标不一样，所采取的策略也应有所不同。

尚扬认为，企业营销竞争的过程是“产品、价格、渠道、推广”的四轮驱动过程，营销竞争战略的制定是对四轮驱动的全局性及方向性考量。

由此，企业营销竞争战略的阶段论涵盖了两个核心内容：一是营销竞争处于何种阶段由企业内外部环境和资源决定；二是这是一个变化的过程，并形成阶段间的相序性。因此，营销竞争战略阶段论的本质是企业在合适的时间做合适的事情，以保证四轮驱动的协调性。

企业营销竞争战略的阶段论其实是常识，但常识往往最容易被人忽视。正如人们看到蝉在阳光下歌唱，探究它为什么唱得这么大声响亮，却看不到蝉用了 4 年时间在黑暗中掘土。今天，人们看到六个核桃销量每年都在迅猛地上涨，对六个核桃的成功进行着种种解读，这固然是必要的。

但尚扬认为，任何不站在企业发展史的角度，带着营销竞争阶段论的全局性思考去研究企业成功的营销战略轨迹的，都将是片面的、局部的。如此得出来的结论容易以偏概全、一叶障目。

（一）“怕上火”定位前的王老吉摸索阶段

最典型的例子，是当初创造单罐销量奇迹的红罐凉茶王老吉被定位理论解读后，使人认为定位即战略的全部和唯一，王老吉的成功就是靠预防上火的定位。因此，误解为只要有了定位，企业的营销就不是问题了，就等着销量上涨了。

毋庸置疑，定位是王老吉重要的营销战略组成，但绝非全部和唯一。

如果没有从饮料经销商转为生产商的掌门人陈鸿道先生，依靠冰红茶等多个产品对渠道网络的多年耕耘，没有温州餐饮三红消费氛围的推动等先决条件，单靠“怕上火”的宣导和传播，王老吉的定位则难以在短时间内快速建立并发挥作用。

也就是说，从 1995 年成立到 2003 年引入凉茶定位，加多宝公司的营销同样重要，同样值得研究，这段时间恰恰是民营企业重要的生存期。可以说，没有这 9 年渠道资源积累、团队打造、饮料运营的经验积累，就不可能有后面定位的精准落地。因此，定位之前企业犹如在黑暗中掘地，其必要性和重要性不能被定位的光环所掩盖。

（二）养元六个核桃的初创期

同样，养元六个核桃在 2009 年与尚扬进行战略合作前，也经历了从 0 到 3 个亿的企业生存期。

2002 年范召林总经理正式操盘养元市场营销，养元才真正开始饮料的系统化运营。用范召林总经理的话来说，此时的养元除了有一个核桃乳的产品配方外，是一个“无资金、无团队、无市场”的小微企业，几乎是一穷二白。2008 年养元总销售额为 3 亿元，养元用了 7 年时间度过企业艰难的生存期。这 7 年，养元的营销策略可以概括为“跟名牌、多产品、建渠道”。

养元六个核桃作为植物蛋白饮料，初期是跟随露露，借着露露在北方餐饮市场和礼品市场的风行，进入市场。六个核桃的苗条罐，包装的蓝色调及同样的包装箱式样都体现了“跟”的策略。当时，一个有趣的现象是就餐时消费者要喝露露，服务员递上来六个核桃，顾客一看也是蓝色易拉罐，再经服务员介绍，就喝喝看，一喝，口感还可以，顾客不再拒绝。当初，六个核桃就是通过这样的“跟”，缩短与潜在顾客的距离，在激烈竞争的市场夹缝中寻找机会。同时，养元除了核桃乳产品外，还有核桃八宝粥、核桃杏仁露、苹果醋等产品，形成多产品组合，降低了新生企业的运营风险。

三、任何营销理论工具都具有阶段性特征

尚扬认为，处于生存期的民营企业，“活下来”是第一目

标，这一时期可看作是企业的草莽时代，以如何养活团队、拓展渠道为第一要务。因此，在企业资源极度有限，产品非必需品的前提下，跟随市场热销产品进行多产品组合是生存期企业的合理化策略。其目的是实现快入市、快周转，让企业各个环节转动起来，留住团队和渠道。同时，从中发现可成为战略产品的黑马及市场机会。

7 年的生存期里，养元的销售额实现从 0 到 3 亿元，从资源到团队，企业具备了一定的抗风险能力，并在诸多产品中锁定市场表现最好、销量贡献最大的核桃乳为战略性产品，为进入快速发展期奠定了基础。同样，生存期的加多宝在绿茶、红茶、八宝粥和凉茶等众多产品中，将在温州餐饮市场表现最好的凉茶作为战略性产品。

美国战略大师迈克尔·波特认为，战略蕴藏在战术中，由战术发展而来。“至关重要的战略元素并非该公司的创立者们预先想好，而是在不断实践过程中摸索而来的。”（琼·玛格丽塔《竞争战略论》）因此，在消费氛围、市场条件、企业资源能力等不具备的条件下，养元不可能一开始就将六个核桃设定为战略产品，进行资源聚焦，开创出健脑的类功能饮料，加多宝也不可能一开始只售卖王老吉一种产品，通过定位将其作为战略产品。这些战略机会，都是在企业的实际运作中发现和发展而来的。

波特“战略源于战术”的思想正是尚扬所倡导的营销战略阶段论的原点。强调营销竞争战略的阶段论，在当下“定位”“聚焦”等营销理论风行的情况下是必要的。

在尚扬的长期实践中，发现不少企业陷入了对定位及聚焦理论的盲从，认为企业有了定位，就能赢得市场，而不关注自身是否到了定位的阶段，有无能力将定位进行传播及落地，或者死守聚焦理论，对聚焦理论进行狭隘理解，而放弃了做大市场、做强市场的机会。

就六个核桃而言，在生存期所面临的新企业、新品牌、新产品、新团队、新渠道的“五新”情况下，“经常用脑，多喝六个核桃”的价值是无法建立起来的，此时，进行定位或者聚焦毫无意义。在企业极度缺少资源的条件下，首先，没有足够的资金用于价值传播，对潜在消费群进行宣导；其次，市场对全新产品、全新品牌的接受需要较长的时间，如果企业只聚焦核桃乳，短时间难以广泛营销，企业无法培养团队和渠道。因此，生存期的企业战略重点在于如何尽快解决活下来的问题，这个阶段，“定位”“聚焦”等并非首要问题。所以，尚扬非常尊重六个核桃的这段历史，正是养元这 7 年时间实现了 3 亿元的销售额，才为六个核桃后来成功开创出健脑类功能饮料的大市场打下了良好的资源基础、团队基础及渠道基础。

尚扬认为，任何方法和理论都必须结合实际情况进行运用，否则就是一无用处的教条主义。营销竞争战略的阶段论即关注企业发展的充分条件和必要条件的完备性和相序性。

对于定位和聚焦理论的运用，一定要因企业发展阶段、行业竞争态势、品类属性而定。定位不是万能药，更不是被自我吹嘘成的“人类第三次生产力革命”，在企业资源、渠道、体量等条件不具备的情况下，靠定位释放不出能量。同时，定位再好，不能产生作用，也解决不了企业的发展问题。同样，加多宝单品打天下的聚焦模式也不是所有企业、所有行业可以模仿的成功路径。企业切不可忽略自身阶段性的资源能力及行业竞争特性，将定位理论和聚焦理论进行机械化和简单化的理解及运用。

以下几个案例值得警醒。

1. 警惕定位空心化陷阱

波特认为，“一个独特的价值取向（即定位），如果没有区别于竞争对手的最佳实践来落实，就不会转化为有意义的战略。”战略的精髓存在于落实战略的具体实践中。定位是战略，但如果定位无法在企业的运营活动中落地，陷入空心化境地，定位就不能转化为有意义的战略。

福建某烘焙企业的品牌被定位为“派的专家”，此品牌在竞争中处于三线阵营，派的高端价值和专业价值已被好丽友占据，而其市场规模远不及达利，因此仅靠一个“专家”的概念性定位在竞争相对成熟、强势品牌林立的烘焙市场，胜出几乎不可能。

原因在于，在价格、渠道、沟通、生产等实践中无法将“专家”的概念落地。因此，此定位看起来很美，却无法指导企业产生实践，也驱动不了市场成为企业的战略。

从营销竞争战略的阶段看，该企业此时需要的不是“专家”定位，而是如何利用产品力和渠道，增大自身的销售规模，做大企业的体量。因此，不从营销竞争的阶段性进行战略设定，很容易产生定位无法落地及发挥作用的空心化现象。换句话说，如果将定位看作是企业发展的必要条件，只有当企业具备一定资源、渠道、团队、体量等充分条件时，推动企业发展的必要条件才会成立，并产生作用。

2. 警惕对“聚焦”的机械化理解及教条化运用

聚焦理论建立在心智认知的简单化特点及集中优势资源的基础上，尚扬认同其战略的指导意义。但在王老吉凉茶单罐产品卖全国的光环下，一些企业不看自身的营销阶段、行业竞争环境及品类特点，一味地追求聚焦，陷入了对聚焦的机械化理解和教条化运用。

某生产即食型金针菇食品的企业通过几年的市场运作，在东北地区取得了不错的业绩，年销售额近3亿元，却面临东北地区遭遇销售瓶颈、企业如何进一步发展的问题。因为此时，企业只有一种单一产品：袋装的香辣金针菇，主要在流通渠道进行销售。

这个阶段企业应该开发多口味的瓶装即食金针菇进入佐餐领域，在袋装品项上，增加流行的畅销口味，通过大单品加卫星产品的产品组合策略增加渠道盈利面，稳固渠道、开发市场、做大规模，并进一步夯实即食金针菇开创者的定位。但该企业认为要像王老吉一样单罐打天下，将重心聚焦在一个袋装香辣口味上就可成功，目前，该企业的营销问题依然没有解决，并且销量也在不断下滑。

为什么该企业不能采用聚焦单一品项的战略呢？这是由品类的本质特点决定的。金针菇本身没有味道，作为食材，可调和出各种味道，成为休闲佐餐食品；而王老吉作为凉茶，其味道本身就由配方决定了。也就是说，金针菇可以有很多味道，但凉茶就是凉茶自身的味道。

同时，品类属性不一样，消费者的价值取向也不一样，一个是吃味道，一个是喝功能。大中国十里不同风，百里不同俗，各地各味，而功能指向却是唯一的，这就是金针菇为什么不能聚焦单一口味的原因之一。当然，香辣味道作为广谱的大味道，可成为大单品，但只聚焦一种味道就违背了休闲佐餐食品的味道本质。

该企业自身发展阶段及行业特点决定了其采用聚焦单一品项并不妥。该企业是即食金针菇的开创者，3 亿元的体量，基本能够生存，在竞争对手还没跟上时，应通过产品组合快速实行市场圈地，做大规模。从行业特点看，休闲佐餐食品的消费频次远不及饮料和方便面，品类小，更应通过产品群扩大规模。

同时，快消品中的低门槛行业以渠道力、终端掌控力为重要的竞争要素。该企业在休闲佐餐领域属后来者，渠道力、终端掌控力在竞争中是短板。拥有渠道、终端及品牌的有友等休闲食品企业很容易实现反超，在有友的散货区，已有了多种口味的小包装即食金针菇，在品牌、品质、味道、便利性方面，有足够的信任驱动消费者进行终端购买选择。这对该企业来说，是非常危险的。

对快消品而言，有了规模才会有品牌。该企业只有打破单一口味的聚焦，多品项组合挖渠建道，扩大消费者广度，快速做到一定规模，其即食金针菇开创者的定位及竞争优势才能真正建立。该企业不顾行业本质及竞争的阶段性，照葫芦画瓢，盲目聚焦单一品项，不得不说，这是严重的教条主义。

另一个盲目聚焦的案例是某奶茶企业。在杯装奶茶风头正健，建立持续性竞争优势的营销竞争发展阶段时，应考虑推出瓶装 PET 奶茶，以弥补杯装奶茶的季节性局限。同时，在竞争对手开始推出袋装奶茶时，应快速推出袋装奶茶进行狙击。但该企业机械理解聚焦，认为多品项发展，有跷跷板效应，这对其杯装奶茶有负面影响。至今，该企业只有杯装奶茶这一个包装形态，而其竞争对手靠袋装奶茶及杯装奶茶的组合抢夺了不少市场份额。同时，在瓶装奶茶日益风行的今天，该企业已失去了赢得瓶装即饮奶茶市场的机会。

杯装奶茶由于季节限制、饮用方式的限制、奶茶杯的不安全性等因素，已到了品类发展的瓶颈期，销量很难大幅增长。该企业作为工业化奶茶产品的开创者，其品牌有机会成为奶茶这一品类的代名词，而非杯装奶茶的代名词。在消费者看来，不管杯装、瓶装、袋装，都是奶茶，只是包装形态不一样，饮用方式、饮用场合不一样而已，产品并无质的差别。在消费者心理中硬要通过包材建立区隔，毫无意义，过度细分过度聚焦，反倒会让企业失去更大市场的战略机会。

四、阶段论是解读市场的必经之路

每个企业，其人、其时、其境、其势皆不一样，规律性及理论性的东西一定要结合自身的实际情况进行运用。特别是在拥有众多人口的中国市场，经济发展、社会生态、商业业态比欧美、日韩等先进的商业化社会复杂得多，来自国外的理论模式不一定完全适应中国的商业土壤和环境。

比如，欧美商业渠道以商超为主，批发流通夫妻小店几乎没有，渠道形态非常简单，但在中国做快消品，流通是一个重要的渠道形态。

中国是典型的人情社会，走亲访友造就了庞大的礼品馈赠市场，中秋、春节等传统节日成为重要的销售节点，脑白金就此成功。而在欧美、日本等崇尚个体独立及私隐的国家，人情世故的社会生态相对简单，这种土壤决然产生不了“脑白金”和“金六福”。

因此，正是渠道的丰富性、市场的多层性、消费的复杂性给中国中小企业带来了生存和发展的机会，如果不对国外的营销理论进行批判性运用，邯郸学步，在残酷的竞争中，机会将稍纵即逝。养元在营销竞争的存活阶段，以其竞争环境及资源状况，选择了“跟”“混”（混合产品）的营销策略，建渠道、养团队，并从中发现战略机会，而非一开始就实行定位和聚焦。

尚扬提出的营销竞争战略的阶段论，在生存期求存活，在发展期求做大，在领先期求保持，各阶段策略、路径依企业自身状况、行业竞争态势等内外因素而定。

有的企业可能一开始先做加法后做减法，展开定位和聚焦，如养元、加多宝，也有的可能一开始先做减法后做加法，如黄飞红麻辣花生米，定位和聚焦单一产品及单一线上渠道，企业能够维持生存后，向线下多渠道拓展，产品由麻辣花生米向多口味多形态的休闲花生食品延展。

营销竞争战略的阶段论就是企业依循自身的资源能力及竞争环境，在合适的时间做合适的事，犹如中医的辩证施治，因人而异，一症一方。企业切忌为求快速发展，忽略常识，对理论和方法产生片面化或绝对化的误解。

第二章

Chapter 2

营销竞争战略的需求论

营销竞争战略的需求论有两个核心内容：一是需求，二是竞争。

现代营销之父、美国营销大师科特勒将营销定义为：通过交换满足顾客需求的活动，市场基于需求，需求是产生一切市场行为的基础，没有需求，就没有市场。正如现代营销学的奠基人之一西奥多·莱维特所说："顾客需要的是孔，而不是钻头"，形象地表达了商品的本质，即所有商品都是需求的物质化呈现。尚扬认为，任何时代，企业研究营销、展开营销都离不开对消费需求的洞察。因此，科特勒的营销需求论是具有奠基意义的经典营销理论。

然而，在物质资源极大丰富、产品同质化、选择障碍化的今天，企业只考虑满足需求则存在着巨大风险，需要导入竞争的思考模式，考虑企业产品所满足的需求是否已被别的品牌充分占据？比如，红烧牛肉面，无论在市场还是大众认知层面，康师傅的"就是这个味儿"已经成为代表，吃正宗红烧牛肉面的需求已被康师傅充分满足，满足此需求的跟随者已经没有了市场机会。因此，从竞争的角度看，满足差异化需求，建立差异化的价值认知，是企业制定营销战略时要充分考虑的关键因素。

在养元度过生存期后，进入发展期的战略阶段，尚扬为其导入的基于需求洞察、建立差异化价值的竞争战略发挥了重要作用，差异化的需求价值成为推动六个核桃在四年内销量连年稳步翻番的核心推动力。

在养元多产品组成的 3 亿元的销量中，核桃乳占据其中 90% 以上的份额，冀、鲁、豫礼品馈赠市场增长态势良好，企业的资源投入也向此产品倾斜，在企业发展的转折点上，核桃乳无疑可以成为肩负企业打造品牌的黑马。在此背景下，尚扬基于创建竞争优势的战略目标，从需求、竞争等方面展开了研究。

一、对需求的洞察

对潜在顾客消费核桃乳的需求洞察。设定的一个基础性研究命题，就是为什么要喝核桃乳？核桃乳可以满足潜在顾客的何种需求？需求洞察需要从产品属性及潜在顾客的需求两个维度进行研究。

（一）从产品角度解读需求

从产品角度进行研究。六个核桃是工业化的核桃深加工产品，核桃在中国南北地区都有种植，核桃果实作为一种坚果，被称为“营养之王”，其营养价值得到广泛的认可，享有“万岁子”“益智果”“长寿果”“养生宝”的美称。

其中，核桃所含脂肪的主要成分是亚油酸甘油酯，可减少肠道对胆固醇的吸收，此外，这些油脂还可提供大脑基质的需要，核桃中所含的微量元素锌和锰是脑垂体的重要成分，就有了常吃核桃有益于脑的营养补充。因此，明代名医李时珍说，核桃能“补肾通脑，有益智慧”。现代医学研究表明，核桃中的磷脂，对脑神经有良好的保健作用，每天早晚吃5～6枚核桃，能增强记忆力，补血养气。特别在中国“以形补形”的传统养生文化熏陶下，核桃健脑的特性更是被全国人民广泛接受，形成了高度的价值认知。

长期以来，核桃作为食品，主要以休闲性的炒制带壳核桃为主要形态，另外还有琥珀桃仁，由于需敲壳取仁的食用方式及价格偏高等因素限制，在休闲食品领域核桃制品的份额较小，属于有高价值、高认知的小众食品。

六个核桃通过运用工业化技术，生产出以核桃为原料的饮料，丰富了核桃深加工食品的形态，其独有的“5.3.28”工艺，最大限度地保留了核桃的天然营养，褪掉了核桃的天然涩味，使产品具有香、浓等大众喜爱的饮料口感。

因此，在食用的便利性、口感、口味及大众饮料价格的合力推动下，加上核桃固有的价值，六个核桃作为饮料型的核桃深加工产品，具备成为广泛性大众产品的潜质。方便摄取核桃营养、口感好、价格便宜是六个核桃产品自身具备的价值属性。

（二）解读潜在顾客的需求

另一个维度，即对潜在顾客的需求可能性研究。好喝、大众口感好、价格便宜是饮料的共性，这也是潜在顾客对饮料的共性需求，不具备专属研究的意义。因此，对潜在顾客需求可能性的研究核心落在于核桃营养的需求性上。

在核桃诸多的营养功能中，健脑益智是认知最为广泛的，但是高认知，不代表大需求。比如，人们对枇杷润肺有一定认知，但健康人对润肺的需求并不强烈，因此，枇杷润肺就属于有高认知但无大需求的情况。某枇杷饮料如果要成为大品类，则需要相对较长的时间来培育。

人是社会性动物，因此，对潜在顾客的需求分析，首先要从社会大环境的宏观层面进行研究，只有社会推动形成的需求，才具有针对性、稳定性及广泛性。

可口可乐诞生的社会环境是 19 世纪晚期美国开启工业化的时代。那时由于社会变革的步伐加快，引发了很多新的疾病，大多数患者出现神经质和严重的心理不健康。乔治·比尔德在 1881 年出版的《美国人的神经质及其原因与后果》一书中，将这个疾病命名为“神经衰弱”，而患神经衰弱的人群通常受过良好教育并且有较高社会地位的精英人士。在比尔德看来，过度劳作、经济兴衰的压力、喜怒无常的情绪体验、情感的压抑及太多的思想自由导致了人的神经高度紧张。正是在这样动荡、神经质的美国，以“神经滋补品”为概念的可口可乐诞生了，从神经滋补品到提神醒脑，可口可乐迎合了社会的需求，成为美国最热销的饮料。

信息时代，脑力竞争成为社会的显著标志。在中国，从婴幼儿开发智力的启蒙教育，到千军万马过独木桥的高考及各种职业技术考试，再到职场竞争，脑力劳动几乎贯穿人们的一生。

当前，人们普遍的观念是智慧代表竞争力，在这样的价值观下，蕴含着对启智益智产品的巨大需求。因而，开发脑力及智慧的价值诉求成为亿万婴幼儿奶粉市场的一大推力，而附着在核桃健脑价值上的六个核桃正吻合了人们对益智益脑的普遍需求。

正是这种社会需求，只有被发掘及强化，才能推动产品开发出稳定而持久的市场。例如，上文提及的某枇杷饮料，利用了当今空气污染严重的社会状况，强势推广枇杷饮料的功能，这是很好的发端机会，但此问题尚未引发普遍的社会关注并形成广泛而持久的认知观念，因此，益肺广泛化需求的形成，仅靠企业一家之力，显得“路漫漫其修远兮”，这也是制约枇杷饮料的市场发展的因素。该企业想把枇杷汁饮料打造成大众日常快消饮料，需要精准战略，抓住社会公共事件的契机，并且需要时间来“养”市场。

同时，人们对益智益脑的需求没有地域差异，没有性别之分，没有年龄限制，是一种广泛化的共性需求，具有成为大需求的可能。尚扬认为，市场体量由需求体量决定，需求越强烈，市场越易形成，需求越广泛，市场体量也越大。

可以预判，基于大众对益智健脑鲜明、强烈、普遍的需求，及大众对核桃健脑的普遍认知，六个核桃有可能开创出有益大脑的类功能饮料大市场，以满足人们通过日常饮料进行健脑的需求。

二、对竞争的研究

需求是形成市场的根本动力，但在现代商业社会，产品同质化严重。因此，企业营销战略的制定必须导入竞争思维，考量产品可满足的消费需求是否有能力专属自身？在市场及消费者认知上是否已被别的品牌充分满足？竞争导向的需求论本质上是满足差异化需求，建立差异化价值。

从竞争的角度看，六个核桃面临着与杏仁露等植物蛋白饮料直接竞争的局面。

长期以来，以露露、椰树为代表的植物蛋白饮料以风味饮料的概念，在地方餐饮及礼品市场形成消费习惯，作为地方性的风味饮料，在中国饮料市场格局中，植物蛋白饮料总体市场份额占比很小，一直属于边缘化小品类。传统植物蛋白饮料满足了消费者喝风味型饮料的需求，在北方，这个需求在市场及认知上已被露露占据，六个核桃只能在缝隙中寻找机会。

在生存期，六个核桃借杏仁露在北方培育出来的植物蛋白礼品的市场氛围中存活了下来。在发展期，六个核桃作为植物蛋白饮料的后来者，如果依然以风味饮料的概念展开营销，将永远落后于露露，在植物蛋白饮料的“小蛋糕”上只能占据很小的市场份额，也不可能达到今天的销售额，甚至超过了露露和椰树两大品牌的销售总量。

纵使六个核桃以核桃为原料，而露露也以杏仁为原料，但作为坚果类的植物蛋白饮料，口感口味都属于浓滑型，并没有产生有价值的差异。因此，满足喝风味的需求，对六个核桃来说，不具备有价值的独特性，六个核桃必须寻求另外的价值需求，即从原料价值出发塑造产品价值，满足潜在顾客益智益脑的需求。

而益智益脑的需求，由于原料的天然属性决定了杏仁露与椰汁无法满足，同时，从更大的竞争范畴看，作为日常饮料，尚没有别的品牌或品类满足过此需求。因此，六个核桃有可能率先占据益智益脑的需求，成为核桃乳独特的品类价值，与传统植物蛋白饮料产生竞争差异，并打造出新的市场。

从竞争的角度进行需求考量，寻求差异化需求，建立差异化价值，是企业竞争战略的核心。

目前，有观点认为需求导向的营销理论是过时的、传统的，是创建品牌的误区，并引用洗发水品牌顺爽和感冒药海王银得菲的失败案例，认为它们的失败是以满足消费需求为导向的战略失误。

尚扬认为，这种观点值得警惕。顺爽满足头发顺滑的消费需求，海王银得菲满足快速治感冒的需求，不是需求导向的营销理论无用，而是两者没有站在竞争的角度进行需求考量。确实，头发顺滑的需求，在市场及大众认知上已被飘柔占据，快速治感冒的需求，在市场及大众认知上也被泰诺占据，顺爽和海王银得菲赢得市场的机会微乎其微。该观点从顾客心智认知的角度出发，认为两者应该从顾客心智认知的阶梯中重新寻找市场机会。

尚扬认为，认知与需求并不相悖，也不应被人为割裂。需求是驱动购买及形成市场的根本力量，而认知会影响购买和选择，需求与认知叠加在一起，才能形成帮助选择购买的最佳组合。

例如，潜在顾客有益智健脑的需求，同时，对核桃健脑的功效有高度认知，有需求也有认知，六个核桃才能快速启动有益大脑的类功能饮料市场，并实现快速发展。而黑芝麻黑发的特性认知很高，但需求不强烈不广泛，撬动市场和做大市场并不会因为高认知而变得容易。

因而，为突出产品的某个特点将需求与认知割裂开来，并对否定和误解需求导向的营销理论，未免片面极端、本末倒置。顺爽和海王银得菲的战略思考应基于可满足潜在消费者别的独特需求之上，再考虑潜在顾客有无相关的认知。

理想的模式是需求与认知的高度吻合，认知通过传播进行宣导建立，而不是把认知作为战略的先导思考。

例如，凉茶作为两广地区具有鲜明地方特色的饮料，在对凉茶无任何认知的外埠市场，通过川湘餐饮和强化预防上火的需求，撬动了市场，同时，在传播中建立“预防上火饮料”的认知。这是一个典型的需求撬动认知和市场的案例。

在智能手机出现之前，人们的确不知道还有集通信、娱乐、资讯于一体的高科技产品，在对潜在顾客的市场调研中也无法描绘出这种产品，形成对这种产品的认知。但是乔布斯对人性和商业具有高度的洞察力，他基于信息时代人们对便利、快捷、享乐的需求，重新定义手机，将以移动通信为主要功能的传统手机概念打造为个人移动多功能电子集成平台，颠覆了人们对手机的传统认知，这也是需求撬动市场，并建立新认知的典型案例。

目前，尽管在人们的认知中没有会飞的汽车，随着城市交通拥堵问题的加剧，仅从即时解决堵车的需求来看，出现会飞的空陆两用汽车也不是没有可能。

尚扬认为，需求的多变性及多样化为企业提供了无限的市场机会，关键在企业及战略咨询伙伴要具备对需求的洞察力。

从需求的演化规律看，一般是从刚性需求到软性需求、从共性需求到个性需求的过程。同时，需求的演化与时代背景和社会环境紧密关联。关于这种情况的例子有很多。

2003 年 SARS 造成全球恐慌，2009 年禽流感全球爆发，这两场全球性的健康危机，极大地释放了个人及家庭抗菌卫生用品的需求，在这种大环境的推动下，抗菌型洗手液成为人们日常生活的必需品。

在包装水饮料市场，首先要满足快节奏社会人们便利性解渴的刚性和共性需求，在此基础上，分化出满足补充矿物质需求的矿泉水，满足人体酸碱平衡需求的天然水，甚至补充电解质的电解质水。目前，由于中国水污染比较严重，人们对无污染、安全饮水的需求形成并得以强化。因此，洞察这一需求，“5100”“昆仑山”等高端雪山水应运而生。

在日化类牙膏行业，牙膏作为清洁牙齿的基本需求在充分满足后，衍生出防蛀牙、美白、清新、防过敏、防出血等满足个性需求的牙膏，此外，从人群上细分，出现了儿童牙膏。比如，舒客力推的早晚牙膏，以满足生活极致讲究人群的个性化需求。个性化需求的发掘和满足，使舒客这一中国本土牙膏品牌成为中国牙膏行业的黑马。

在信息化时代，马克·扎克伯格用Facebook满足了人们的社交需求，淘宝满足了人们足不出户追求更便利、便宜的购物需求。因此，谁能抢先洞察需求并满足需求，谁就能获得成功，满足顾客需求永远是品类形成、品牌成功的关键。

当然，在竞争的环境下，成功打造品牌的前提条件是满足顾客需求的抢先性或差异性。

三、品类化战略

（一）品类化战略是营销竞争战略的重要组成内容

在消费者购买驱动的模式中，消费者以需求为动机，用品类来思考，用品牌来表达，因此，打造品牌的战略模式，使品牌成为品类代表。

例如，在选择洗发水时，头发柔顺的需求驱动潜在顾客选择能帮助头发柔顺的洗发水，而这类洗发水的代表品牌是飘柔。在川湘菜馆，热辣重口味发酵了潜在顾客消解热辣刺激感的需求，王老吉正是洞察到这一需求，将两广地方性的药饮重新定义为预防上火的清凉饮料，在清凉饮料中分化出预防上火的饮料品类，并成为这一品类的代表品牌。

市场的终极竞争是品牌竞争，而品牌的实际载体是品类。因而，推动品类形成并使品牌成为该品类代表的品类化战略是营销竞争战略的重要组成内容。

从心智角度的品类释义为潜在顾客对商品信息的认知归类，以此为出发点，品类形成的标志有两个关键点：一是具备被潜在顾客认同的鲜明独特的价值。比如，沃尔沃轿车的安全价值，使其从轿车品类中分化出安全轿车的品类，白加黑感冒药的分时段价值，使其从感冒药品类中分化出分时段的感冒药品类。二是具备广泛的品牌指代。比如，红烧牛肉面的品牌指代康师傅，老坛酸菜的品牌指代是统一，反之，像海鲜鱼板面等缺乏强烈的品牌指代，未能成长为独立品类，只能成为康师傅方便面产品线上的一个品项。在日化行业，面膜本身是各护肤品牌必有的品项，但现在“美即”成了面膜的指代品牌，“美即”将产品品项推动成独立的品类。

品类的形成意味着稳固市场的形成，这是品类化战略的实际意义。在六个核桃导入营销竞争战略前，借植物蛋白饮料在北方礼品馈赠市场表现良好之势，主要为节庆礼品销售。2010年后，随着健脑饮料的品类价值顺利构建，其逐年翻番的销量已从节庆礼品销售扩展到日常销售。这表明六个核桃已拓展出相对稳定而独立的市场。

（二）品类化战略的五大洞察原则

品类化战略并非一蹴而就，六个核桃的品类化战略充分体现了实施品类化战略的五大洞察原则。那么，六个核桃益智健脑品类是如何炼成的呢?

1. 基于品类属性的洞察

基于品类属性的洞察，确保品类化路径的精准性。

六个核桃是以核桃为原料的植物蛋白饮料，具有健康营养的品类属性，同时，核桃原料具有益智健脑的属性，这对健康营养的品类属性进一步具体化。

2. 基于对竞争的洞察

基于对竞争的洞察在于发现市场机会。

在植物蛋白饮料的竞争格局中，南有椰树，北有露露，两个品牌各局限在南北区域，品类发展稳定而缓慢，销量常年在10 亿元左右，在饮料大市场中，属于老而小的品类。

尚扬认为，根本原因是两者多年来都集中在地方风味饮料的层面开展市场竞争，缺乏独特价值的风味饮料在高度发展的商业时代将逐渐被边缘化。作为植物蛋白饮料后来者的六个核桃，势必不能在风味饮料的格局中与之展开竞争，否则，只能占据更小的市场份额。成功的关键在于六个核桃要建立鲜明独特的差异化价值，打破风味饮料的局限，撬动更大更稳定的需求。

为此，基于核桃原料益智健脑的价值基础，六个核桃的品类化方向在于开创有益大脑的类功能饮料，从风味型的植物蛋白饮料中分化出具有鲜明独特价值的类功能饮料品类。所以，尚扬为六个核桃提出了“经常用脑，多喝六个核桃”品类价值导向的传播口号，向大众明确传导六个核桃独特的品类价值。

3. 基于对需求的洞察

基于对需求的洞察，为了发现品类化的机会，品类的形成以需求为基础，品类大小由需求大小决定。

在社会环境的推动下，对健脑的需求，已成为全民重要的显性需求。同时，核桃健脑的价值在大众心智中有广泛而牢固的认知，大需求及广泛性认知，为六个核桃开创健脑类功能饮料提供了利好的先决条件。

“经常用脑，多喝六个核桃”的传播口号，将健脑需求和品牌进行高度融合，撬动并强化了潜在顾客的健脑需求，在系统化、持久性的营销活动中，形成需求被品牌充分满足的最佳认知。

4. 基于对企业战术运营能力的洞察

基于对企业战术运营能力的洞察，为了确保品类化进程的顺利推进。

企业内部组织管理能力和运营能力是保证品类化进程顺利推进的必要条件，好的战略机会，如果企业没有能力把握并占据，也就失去了战略意义。崇尚“憨”“严”文化的养元企业，从生存期开始就在打造团队的超强执行力，其高超的战术运营能力保证六个核桃在竞争战略下的各项落地工作能够快速而有效的开展。

5. 基于对外部条件不断变化的洞察

对外部条件不断变化的洞察，是为了确保品类价值的持续性和前景。

外部条件的变化是指社会政治经济结构的变化、社会舆论思潮的变化、政策法规的变化、社会人文的变化和商业业态的变化等，这些变化因素，将潜移默化的影响和改变社会民生和大众生活，从而影响到企业行为。比如，二十世纪初美国地方政府颁布禁酒令，促使可口可乐改变了配方，进一步推动其成为大众主流饮料。

在过去20年中，我国政府强调增强国民体质，加上国家对农业的扶持，在政策的推动下，牛奶行业得到了巨大发展，同时，诞生了豆奶，作为牛奶重要补充品的品类。

随着国家新农村建设和城镇化建设步伐的加快，苏果等地方小型连锁超市随之兴起，大多数三、四线城市和农村商业业态发生了巨大变化，推动着企业的市场扩展和渠道建设，使很多品类更快地走向全国。

另一方面，三鹿事件推动了豆奶品类的迅速发展，更引发社会对食品安全和健康问题的高度关注。

因此，企业决策者和战略伙伴要敏锐的观察这些外部条件的变化，顺应时势，确保品类价值的持续性和发展前景。在当今时代下，信息海量是时代独特的特点，普遍存在人们脑力活动强度不断地加剧，城镇化建设进一步推进，国家对农业产业化及农产品深加工企业的扶持等，这些外部条件为六个核桃未来发展为百亿企业提供了可能。

2009年，尚扬为六个核桃导入营销竞争战略后，六个核桃的销量每年以翻番的态势稳定增长。2012年，销量近60亿元，超过老牌植物蛋白饮料露露和椰树的销量总和，改变了传统植物蛋白饮料的市场竞争格局，更引领这一品类成为中国饮料的活跃品类。其发展势头充分证明六个核桃健脑的类功能价值被群众认同，六个核桃已成为核桃乳的代名词，这表明健脑的类功能饮料品类已基本形成。

（三）六个核桃品类化进程的关键配称

1. 好的品牌命名

品类化战略的关键要素，除了建立品类独特的价值外，品牌命名也至关重要，好名字是赢得市场竞争的先决条件，例如，蒙牛、淘宝、百度、飘柔、东方树叶等都是好的品牌命名。

养元领导者为核桃乳命名的“六个核桃”具有良好的品牌基因。作为品类领导者，六个核桃在品牌命名中包含了原料信息，不仅与品类属性高度关联，更具有战略防御的远见，同时，量化的概念体现品质感，具有强烈的市场驱动力。六个核桃的命名优于核桃乳的其他品牌，比如“大寨”“六个核桃”品牌命名是其品类化战略成功的重要因素。

2. 塑造视觉符号

顾客用品类来思考，用品牌来表达。作为对品类的表达载体，品牌除了具备战略性的命名外，还需要具备独特的视觉符号。

研究加多宝和王老吉的市场竞争形态可以发现，失去金字招牌的加多宝牢牢地抓住了“红罐凉茶”的视觉符号，快速地将全新品名“加多宝”与消费者熟悉的视觉符号“红罐凉茶”紧密联系起来，实现顾客的认知置换。其中，我们可看出视觉符号对品牌和品类认知的重要性，如果没有“红罐”这个视觉挂钩，加多宝在群众中可能彻底失去了宝贵的认知资源。

在六个核桃飞速发展的过程中，尚扬将视觉符号提到了战略的层面。2011 年，在尚扬的指导下，六个核桃进行了视觉战略提升，完善了蓝罐包装，使之成为六个核桃的视觉符号。提升后的六个核桃已完全摒弃了早期跟随露露的形象，形成了自己的独特视觉符号，像红罐加多宝一样，蓝罐六个核桃也逐渐走出区域、走向全国。

3. 代言人策略

为快速建立消费者对六个核桃健脑饮料的品类认知，尚扬为养元策划了新的代言人策略，及如何占领宣传制高点的策略。

由于受传统文化的影响，中国消费者普遍缺乏自信，独立思考能力也较差，所以，意见领袖的影响不容忽视。因此，代言人策略在营销中仍然有重要作用，合适的代言人对缩短消费者品类和品牌认知、建立信任度和提升品牌势能有着积极的作用。当年，百事可乐正是通过迈克尔·杰克逊建立了“新一代可乐”的认知，从形象价值上与可口可乐形成了差异。

在导入品类独特价值后，尚扬认为六个核桃原代言人影视明星梅婷，由于其公众形象和认知与品类所要塑造的益智健脑价值吻合度不高，建议启用知性女性代表、著名访谈类节目主持人鲁豫为其代言。

2009 年，六个核桃全面展开新代言人策略，鲁豫头部标志性的形象出现在六个核桃包装上，暗示着品类益智健脑的价值。走智慧路线非花瓶路线的代言人策略对六个核桃的品类价值塑造起了良好的推动作用。

目前，通过尚扬的市场调查，鲁豫已成为了六个核桃重要的辅助性符号。当然，随着品类和品牌的发展，当品牌成为全民皆知的巨星时，代言人的使命也就完成了，因为代言人不属于品牌专属资产。在未来的发展中，六个核桃也应该坚持这一策略。

4. 抢占宣传制高点

品类价值一旦确定，企业应进行快速传播，以快速抢占大众认知，先入为主。2010 年，尚扬建议六个核桃在进行电视传播时，使用“经常用脑，多喝六个核桃”的广告词，在信息时代，媒体环境日益复杂，传播信息日益碎片化。但是在我国，由于受历史和政治因素的影响，中央电视台仍然是电视传媒的权威，作为我国最高级别的传播媒介，产品广告如果抢先进入央视，意味着在最权威的传播平台上发声，前期利于抢占认知，后期利于巩固和维护认知。因此，广告要不要投放到央视，不仅是媒介选择，更是战略规划。

从 2010 年到现在，六个核桃占据了央视一套广告版块的黄金时间，占据了最重要的宣传阵地，随着市场的不断扩大，广告投入也在不断加大。在宣传上坚持占据制高点，这是六个核桃品类化进程中关键的战略配称。

在关键配称的投入方面，企业领导层的决策力至关重要，这关乎企业领导层的格局和魄力。在养元生存期，销售额接近 1000 万元时，企业领导层就花重金聘请名人代言进行传播，而在导入品类价值后，替换代言人，不仅意味着放弃帮助销量上升的原代言人，更要投入更大的资金聘请新代言人，同时，广告投放从原来的冀鲁豫地面频道到央视一套。每当尚扬提出投入的关键配称时，养元领导层都能够快速决策，并快速执行，保障了六个核桃营销竞争战略的顺利实施。因此，尚扬始终认为，战略的成功绝非战略咨询公司一方之功，而是与企业的合力，需要企业领导层的高超决策力。

第三章

Chapter 3

营销竞争战略的卡位论

营销竞争战略的终极目标是使品牌成为需求的最佳解决方案，围绕潜在顾客的需求展开营销活动，是万法归宗的根本方法。企业在洞察需求之后，如何激发需求、撬动需求、强化需求、扩大需求、黏合需求，是营销竞争战略实现落地的主轴线，指导着一切营销行为，并贯穿于整个营销竞争行为的始终。

洞察需求在任何企业都至关重要，3M公司的成功就是一个很好的例子。在对学生学习生活的观察中，黏合剂技术的全球领先者3M公司发现学生们经常做的事情就是重点标出书本或笔记本的某一页，但在这之后，他们又常常找不到那一页。为此，3M公司洞察到学生们有更加方便做记号的需求，推出了报事贴指示标签荧光笔，即用明显的荧光笔标出需要记号的重点部分，再使用报事贴指示标签来标注做了记号的页码，为后期复习能够快速找到，非常方便快捷。

3M公司将目标群锁定为大学生，通过校园报刊广告和电视广告，再依靠学生口碑传播，从认知上激发和强化学生们的需求。同时，产品制定合适的价格，以单支装和连包装的方式先在校园书店、文具用品店销售，进一步扩展到超市等销售渠道，实现需求的满足。并推出报事贴指示标签钢笔，将对方便记号的需求扩大到办公室人群。

满足方便记号的需求始终贯穿在3M的营销行为中。3M报事贴指示标签笔成为方便记号这一需求的最佳解决方案，这使得3M赢得了文具用品市场竞争中稳定可观的份额。

以满足需求为营销战略的出发点，对如何激发、撬动、强化、扩大及黏合需求，尚扬提出了营销竞争战略的卡位论，即消费示范人群的卡位、消费示范时机的卡位和消费购买方式的卡位。正是基于这三个方面的精准卡位，六个核桃的营销战略才被执行得如此高效，六个核桃健脑饮料才能在营销活动中实现品类价值，发挥巨大的市场作用，推动了品类的形成和快速发展。

一、消费示范人群的卡位

消费示范人群的卡位，是对需求的典型或重点人群进行精准锁定和影响，其意义有两个方面：一是降低激发需求的成本，快速撬动市场，二是消费人群对品类价值的示范作用。

典型或重点需求的潜在顾客对关联需求的信息呈开放、敏感、积极的态度，其需求非常容易被激发，从而降低了企业的沟通教育成本，市场容易被快速启动。

10 年前，红牛功能饮料进入中国市场。作为提神抗疲劳的保健饮料，“汽车要加油，我要喝红牛”，红牛将开车族锁定为消费示范人群，并把加油站作为重要的传播渠道，卡位精准，迅速激发了开车人群因为容易疲劳需要提神的需求，由此成功进入了中国饮料市场。

著名的钻石品牌戴比尔斯百年来坚持对钻石代表忠贞爱情的宣传，影响着未婚男女对钻石与爱情的衡量，“钻石恒久远，一颗永流传”，戴比尔斯为钻石所塑造出来的爱情信物的品类价值，卡位订婚人士，使本来毫无价值的硬矿石成为全球风靡的爱情信物，确保了戴比尔斯在钻石市场的巨大份额和影响力。

消费示范人群卡位在于人群对品类价值的示范作用：一方面，强化品类的价值认知；另一方面，对需求的典型或重点人群进行具体的、带动性的影响，最终实现消费人群的增加和市场的拓展。

例如，苹果智能手机，其消费示范人群为关注通信前沿技术的专业人士或潮流人士，其消费示范作用为苹果智能手机贴上了专业、创新、前沿的价值标签，并逐渐被广泛认知。从这个角度看，消费示范人群本身就是品类价值的代言人，具有较好的榜样作用。

“经常用脑，多喝六个核桃”，六个核桃要构建的品类价值是益智益脑的类功能饮料。虽然健脑需求非常广泛，性别不分男女老少，地域不分东西南北，但目标泛化就是没有目标，在营销战略的落地中将导致企业资源的分散和市场行为的空洞，不利于品类价值的塑造，展开精准的市场行为。

为此，尚扬经过深入分析和研究，将六个核桃消费示范人群锁定为学生，在潜在消费族群中，学生族群最具有构建健脑饮料的消费示范意义。

第一，以学习为主要任务的学生族群是典型的重度用脑人群，通过他们能最大化地宣导并释放六个核桃健脑益智的品类价值。同时，学生族群人口基数较大，据统计，中国每年初、高中学生达近 8000 万人，族群庞大、稳固而典型，消费示范作用的带动性强。

第二，学生族群的需求驱动力最强。学生自身对健脑需求的主动性不强，其强烈的消费驱动来源于父母。在中国，望子成龙是父母普遍的愿望，而成才的主流途径是贯穿一生的各种考试。孩子的成长和学习是普通家庭最重要的生活内容。在这样的氛围下，孩子的智力发育问题是父母最为重视的，只有触及此需求，就会形成“家长买，孩子喝”的局面，市场需求极容易被引爆。

第三，从竞争上看，上班族群也是典型用脑人群，但此族群的饮料消费构成丰富而复杂。这一群体的饮料购买力强，市场竞争也激烈，六个核桃不容易建立符号性的消费示范人群。

锁定学生为消费示范人群后，六个核桃的营销行为都围绕此展开。在品类价值宣导的高空广告中，聚焦学生族群。“辛苦学习、紧张考试”充分表现了学生典型的学习生活场景，将“经常用脑”的抽象概念转化为有冲击力的视觉表现，激发了潜在顾客的健脑需求。同时，经过连续几年的品类价值高空宣导，六个核桃的品类价值已在大众认知中普遍建立，而学生也确立了六个核桃符号性消费示范人群的宣传地位。

消费示范人群的卡位容易让人产生目标群局限的误解，认为产品只适合卡位人群，担心其他潜在消费者会拒绝消费此产品，从而会把市场做小。因此，很多企业试图将产品兼顾各人群。近期上市的某饮料，宣导该饮料对男人、女人、儿童和老人有不同的效果，力求占据所有饮料消费人群，最终，消费人群的泛化导致了此饮料核心价值模糊。

当今商业社会，物质资源极大丰富，传播环境日趋复杂，人们处于商品和信息过度选择的环境中，商业氛围和消费业态与改革开放初期的中国社会完全不一样。那个时候，市场刚放开，消费品市场供不应求，几乎是有什么卖什么，什么都好卖，需求被充分释放，这也导致了市场粗放发展。

因此，一些企业借势向上，东方魔水健力宝在短时间内红遍中国，南方黑芝麻糊率先通过广告传播，全国知名度迅速提高，在市场上得到快速发展。

目前，消费市场发生了重大变化，企业更多考虑生产、产能问题，而现在的市场环境使得企业必须以竞争为重要的思考维度，建立差异化价值，满足个性化需求，但是这也会导致营销成本大幅提升，因此，精准定义消费示范人群，以满足典型或重点需求的人群快速启动市场，成为企业重要而有效的战略规划。

消费示范人群卡位并不是放弃其他潜在消费人群，而是通过典型或重点消费人群的示范作用，塑造并强化产品独特价值，在初期市场建立后，通过波及式拓展，逐步影响到非重点人群。

在烘焙市场，奥利奥饼干的独特价值在于其趣味性，产品载体为奶油夹心馅的黑色圆饼干，基于“扭一扭，舔一舔，泡一泡”独特的产品食用体验，奥利奥定位消费示范人群为天真烂漫的孩子。因此，奥利奥所有的传播行为都围绕产品的独特体验体现童真趣味。

但奥利奥并非只是给孩子们吃的饼干，通过消费示范人群塑造及强化的趣味性让奥利奥在饼干食品中独树一帜，其鲜明的价值，不仅吸引了儿童重度消费人群，也被家庭、年轻人等族群所辨识，并选择购买。

根据养元企业营销资料显示，目前，购买六个核桃的不仅是学生，在很多销售区域，六个核桃也是看望病人的必备礼品，在热销区域，甚至成为婚宴饮品。同样，加多宝现在也不仅仅是上火人群的饮料，而成为大众清凉饮料，非上火人群同样会饮用，实现其超过百亿的销售额。

必须要强调的是，消费示范人群一旦确定，应坚持其消费示范性，不应轻易改变。一方面，消费者始终是流动的，永远要以榜样人群吸引新的消费者；另一方面，通过长久坚持，使消费示范人群最终成为品类及品牌的专属符号。

例如，奥利奥天真烂漫的孩子、六个核桃埋头学习的莘莘学子、加多宝吃火锅烧烤的年轻人、万宝路香烟的牛仔、利郎服装的商务精英人士等，这些被品牌坚持使用的消费示范人群已和品类、品牌产生了强烈的关联。这在传播环境日趋复杂、信息碎片化、沟通成本不断提升的时代，更具有现实的战略意义。

二、消费示范时机的卡位

消费示范时机的卡位，是指品类成为某典型时机或场景的消费首选。在特定场景或时间里，潜在顾客的需求非常容易被激发，此时，对能满足此需求的品类进行卡位，对市场的撬动将起到四两拨千斤的作用，对品类的价值塑造也会形成事半功倍的效果。

王老吉在加多宝时代，能在饮料大市场的竞争中异军突起，正是得益于对消费示范时机的精准卡位。当初，在温州餐饮市场借当地人喜欢追求好兆头的习惯，通过红罐包装和含有“吉”字的品牌名，王老吉成为温州人餐桌上的必点的饮品，从而打开了餐饮市场的渠道。

在导入预防上火的品类价值后，王老吉仍从有资源优势的餐饮渠道发力，将重口味的川湘菜馆作为重点渠道，进行消费示范时机的卡位。当人们在吃麻辣、烧烤等重口味的热性食物时，在热辣口感的强刺激下，预防上火的需求自然地被充分激发。此时，“怕上火，喝王老吉”的凉茶饮料成为解决此需求的最佳方法，王老吉和川菜、湘菜、烧烤等典型时机和场景产生了强烈关联，以此快速撬动了市场，并成功建立了品类价值。

消费示范时机的卡位使王老吉的定位战略转化为可落地的

营销动作。一方面，在地面打造川湘餐饮为王老吉的高势能渠道；另一方面，在品类价值的高空宣导中，坚持聚焦表现人们吃火锅时的“热、辣”及喝凉茶时“爽”的典型场景，以不断强化品类与典型消费示范时机的关联度，深化品类的价值认知。

与以上两例较为相同的是，华美的牛奶搭档也通过消费时机的精准卡位，即“喝牛奶时吃的饼干”，迅速从烘焙市场同质化竞争的环境中突显出来，但遗憾的是其后续营销活动不到位，使消费示范时机卡位的战略效果不明显。

正是消费时机的卡位，推动了感冒药“白加黑”、日化行业的早晚霜、江中健胃消食片等品类的成功。目前，益达口香糖正在推行的“饭后嚼两粒”，对其消费示范时机进一步清晰化，以稳固的黏合潜在顾客的口腔清洁需求。

消费示范时机的卡位，不仅能快速使品类与需求进行嫁接和黏合，更能转化为实际可操作的营销行为，因此，消费示范时机的卡位，具有很强的战略意义。王老吉的消费示范时机卡位，为其打造出了强势的餐饮渠道，对餐饮渠道的深度把控，已成为加多宝公司的战略资源，使得今天广药集团虽然获得“王老吉”的金字招牌，但却难以轻易撼动加多宝的市场。

同样，六个核桃消费示范时机的精准锁定，也使得六个核桃在营销竞争中获取了战略性资源，即打造了一个专属健脑饮料的销售节点。

在中国，高考关乎个人甚至一个家庭的命运，通常每年6月上旬，中国最重要的事情就是高考。在学生高三阶段，考生都在复习备考试，而最后一学期，是考生的冲刺阶段，此时全家的重心都在孩子的生活和学习上，考生的用脑强度在这时期也达到最高峰值。

尚扬洞察到这一特殊时机对六个核桃蕴含着重大的战略机会。首先，这一时期是学生用脑的典型时期，健脑需求将被最大化激发；其次，此时不仅是考生家庭的高度关注期，也具有一定的社会关注度，高考为了完成每年一度的人生赛季，衍生出供不应求的高考房、高考餐、高考保姆等。通过大量的研究和分析，尚扬认识到，目前没有一种大众饮料开发并占据这一时机。

为此，2012 年初，尚扬为六个核桃提出打造高考季的战略构想。将高考作为益脑饮料的消费示范时机，通过对这一消费示范时机的打造，进一步深化六个核桃益脑饮料的品类价值，强化认知，打造出专属六个核桃的销售大节点。

为此，六个核桃集中资源全力布局高考季。在高空宣导“这段时间，孩子特别用脑，多喝六个核桃”，在地面特别在六个核桃根据地市场推出更有规格优势的高考装，突出地推、海报，系列市场动作营造出热销氛围。2012 年在冀、鲁、豫进行高考季的销售试点，当年 5 月的销量比历史同期增长 261%。2013 年高考季在全国正式启动，当年 3、4、5、6 四个月销量比历史同期增长 70%。

六个核桃的高考季，卡位高考备考的消费示范时机，使六个核桃成为高考时送给孩子们的首选饮料，其更深远的战略意义是为六个核桃打造了一个专属的销售大节点。通常，从 3 月份开始，上半年都是植物蛋白饮料的销售淡季，但六个核桃的高考季，在淡季里开辟了可长达3～4个月的重要销售期，变淡季为旺季，使六个核桃的销售节点贯穿于全年。

需要强调的是，消费示范时机一旦确定，企业应将视之为战略举措。

一方面，要调配资源，全力打造，使之转化为提升销量的销售动作。

例如，淘宝“双十一节”，在2010年前，是淘宝卖家松散性地年末促销活动，2011年以后，阿里将“双十一”提升到战略高度，从卖家资质选择、品类组合、价格折扣指导、物流到传播等统一规划，整合资源，将每年的“双十一节”打造成阿里电商平台专属的全民狂欢的消费节点，2011年和2012年的“双十一节”，淘宝销量均超过百亿元。

另一方面，消费示范时机作为品类价值的符号意义，与消费示范人群一样，需要坚持，不宜轻易改变。

王老吉在加多宝时代，曾为拓展品类消费时机，在高空宣导中放弃了火锅餐饮的消费示范时机，而倡导“加班熬夜喝王老吉”“秋冬干燥喝王老吉”。虽然价值所指都为“预防上火”，但加班熬夜、季节干燥上火的消费时机不如“吃易上火食物的时候”直接有力和具有广泛性，这些时机预防上火的需求需要进一步教育和引导。同时，复杂化的时机宣导，在信息过度泛滥的时代，对潜在顾客的认知起了较大的干扰作用，破坏了消费时机示范的符号性作用。值得庆幸的是，经过短时间的投放，王老吉对品类价值的宣导又回归火锅餐饮的典型时机及场景。

三、消费及购买方式的卡位

消费及购买方式的卡位，关联品类的代表品项、购买渠道和地点等，即品类以什么形态、在什么购买地点最能激发潜在顾客的需求，从而帮助实现最后一公里的销售，消费及购买方式的卡位由品类属性决定。

某避孕套在24小时便利店的终端货架上以独立货架的形式和啤酒摆放在一起，销量有了明显提升。原因在于，男人们夜晚喝啤酒纵情可能是激情夜，男人们通常会顺手买几个避孕套，从而激发了避孕套的需求，因此，此避孕套品牌巧妙地通过购买方式的卡位，实现了销量的提升。

作为休闲小零食，QQ 糖的一元小连包在社区小超市、校园店、流通小店等热销。作为解馋小零食，QQ 糖的个人即时消费特性非常强，嘴馋了，就想吃，想吃就可以在身边的小店买到。多种口味、价格便宜、购买方便，小包装吃不腻……QQ 糖对消费及购买方式的精准卡位，多年来使其成为重要的潜在顾客——低龄人群的零食首选。

凉茶的后起之秀和其正与王老吉、加多宝等品牌展开竞争的关键在于，实施了不同于罐装凉茶的消费及购买方式的卡位。餐饮渠道是罐装凉茶的主力市场，此外，超市连包、整箱形态也是罐装凉茶重要的销量渠道。而和其正通过 PET 瓶的包装品项，卡位个人即饮的消费方式，并以二、三线市场的流通为重点渠道，满足潜在顾客即时、重复饮用的需求，成长为凉茶饮料的第三品牌。

对六个核桃来说，箱货营销体现了其对潜在顾客消费及购买方式的卡位。首先，六个核桃作为具有益脑价值的类功能饮料，从植物蛋白饮料分化而来，其品类属性及产品口感决定了与解渴型的即饮饮料不同，除了餐饮，单罐购买的可能性不大。

其次，益脑需求与凉茶预防上火、红牛功能饮料提升抗疲劳等需求不同，后者是满足具体可感的及时需求。比如，吃火锅火辣刺激的体验直观而强烈，此时，凉茶的清爽口感可及时解辣，进而给顾客带来预防上火的价值联想。

红牛的抗疲劳功效，牛磺酸、咖啡因、肌醇的成分使其喝完后可较快提神，满足的也是及时需求。基于此，红牛尽管是非重复饮用的罐装形态，但单罐购买的可能性较大。

而益脑需求是长效需求，不是喝一罐六个核桃就能立刻变聪明，核桃的健脑价值属于养生保健性，需长期食用，而非解决及时问题。这种价值属性也决定了六个核桃的主要售卖方式不是单罐销售。因此，六个核桃将消费及购买方式卡位为“箱货”，借大众对核桃价值特性的已有认知，引导顾客整箱购买并长期饮用。

从上市初期的节庆馈赠礼品到导入益脑的品类价值，六个核桃的主要销售形态为箱货销售，从节庆购买到日常购买，箱货体现了六个核桃对潜在顾客消费及购买方式的卡位。

对于消费及购买方式的卡位，是基于对品类属性的洞察，而非想当然。例如，以黑芝麻为原料的食品企业新推出黑芝麻饮品，该品类应以现有的植物蛋白饮料为参照，走箱货营销的方式。但该企业认为应以单罐销售为主，原因是顾客对单罐销售都没接受，怎么接受整箱购买？从市场现状来看，该黑芝麻饮料同属植物蛋白饮料大类，无论从植物蛋白饮料市场已形成整箱购买的氛围看，还是从黑芝麻属于养生食物、满足长效性需求的品类特性看，箱货营销都是其正确的出量营销模式。从试销市场反映，消费者整箱购买的方式占了90%以上，市场反映完全不符合企业预判，但这种分析是否能改变企业高层单罐售卖产品的方式，就不得而知了。

如果满足差异化需求是品类的独特价值所在，那么，对消费示范人群、消费示范时机及消费购买方式的卡位，是对此需求的精准激发、强化及黏合，其本质是要解决三个“W”及一个“H”的问题，即谁先购买（Who）、何时使用（When）、何处购买（Where）及如何购买（How）。三个卡位贯穿在营销竞争的过程中，体现了战略在营销实操中的转化，与品类独特价值一起，构成品类化战略的独特价值链，确保了品类的竞争优势。

当然，品类属性不一样，行业特性不一样，价值链上三个卡位的比重也将有所差别。

家具行业卡位消费示范时机，其作用就无意义，而对消费示范人群、消费及购买方式的卡位更重要。例如，宜家家具卡位社会新鲜人群及自助消费的方式，建立了竞争优势。而江中健胃消食片卡位消费示范时机，对消费示范人群及消费购买方式的卡位作用就不大。可采面膜卡位消费购买方式，以中草药面膜的独特价值进入药店售卖，则非常成功。

只有厘清了品类化战略的独特价值链，战略才能发挥应有的作用。大多数的新品难以存活，根本原因就在于价值链的缺失。而构建独特价值链，需要战略制定者具备洞察力、想象力和决策力。

营销竞争战略的阶段论、需求论及卡位论，是尚扬作为六个核桃长期的战略合作伙伴，伴随六个核桃在高速成长的过程中总结的规律和经验，这些规律和经验是非常简单朴素的道理。但往往因为简单而被忽视，使问题复杂化。

美国培训大师、前美国联邦调查局雇员高德在《洗脑术——怎样有逻辑的说服他人》这本书中生动地描述过这一理论：就像过桥一样，你看到这座桥是一条笔直的还是弯曲的？通过计算，走过去还需要迈多少步？耗费多少时间？计算的结果就是过桥付出的代价。

但更多的人可能将焦点放到了另外一些事情上，比如，我掉下去怎么办？如果走不下去了，该怎么退回呢？万一对面来人了怎么办？这些问题的存在极为复杂，但是当你联想到这些信息时，就会抛弃最本质最核心的逻辑思维，陷入容易被动摇和被改变的逻辑中。

结束语：

“空谈误国，实干兴邦”。五年来，令尚扬感触至深的是养元“憨严”文化对企业每位高管的深刻影响，高效、廉洁、积极地做好每一件基础工作，认真执行战略战术，是对战略的最高理解。企业的成功是将每个细微因素聚合的结果，而非将某些营销理论迷信化、神秘化、夸大化。理论作为营销工具，本无对错，只是被某些传播者有意的误导，“器本无过，罪在人心”。将自己冠以人类生产力革命，类似这样的自我吹嘘只能使很多企业在盲从的道路上落入陷坑，吃尽苦头。

大道至简，洞察本质，在正确的时间，做正确的事情，把简单的事情做到极致，这就是养元六个核桃成功的秘诀。这是企业领袖、企业文化、企业资源、行业竞争等因素交织产生的独特生态。如果不明白这个道理，那么，海底捞，你学不会；加多宝，你学不会；同样，六个核桃，你也学不会。

下　篇

产品畅销的 6 大要义 36 条简明法则

第四章

Chapter 4

要义一　认清本质

只有认清本质，才能把握方向，永不偏离正确的营销轨道。

法则一：营销就是把产品变成商品再变成用品的过程

营销是所有市场化企业的命脉工程，同时也面临着诸多不确定性，是过程充满变数的系统工程。

虽然从企业的组织架构看，营销部门只包括市场部和销售部，但向外可延展到原材料采购、产品生产、人力资源管理等；向内又涵盖了产品研发、市场建设、渠道拓展、经销商管理、传播推广等，体系庞杂、职能不同，但目标一致，即把企业的产品顺利推广到市场上，以此获得利润，维持企业的生存和持续发展。

正因为工程的繁复和庞杂及目标的一致性，像盲人摸象一样，营销往往被不同立场的人解构成了不同的含义。

在企业内部，产品生产部门会认为营销就是设备好、技术好，保证产品品质好；研发人员认为营销就是产品要满足消费者的需求；业务员认为营销就是如何与商场、夫妻店等渠道打交道把产品铺进去；销售主管认为营销就是如何制定政策，招商压库抢资源占节点；市场人员认为营销就是如何通过广告和各种推广手段吸引消费者。

在企业外部，包装人员认为营销就是用独特的包装设计进行陈列展示吸引顾客；广告传播者则认为通过创意吸引眼球出售产品和品牌，就是营销，致力于发掘各种传播内容和方式，并冠以娱乐化营销、社会化营销、互动营销、话题营销等。同时，营销人员又研究出各种营销理论和观点，如插位、切割、靶向、符号、定位、品类等，对营销进行了各自的解读。

各种概念虽然不尽相同，但都装在了营销这个筐里面。单独理解每个概念都正确，集合起来却都是碎片化的定义和模块，这容易让人迷惑和无所适从，在理解营销时，容易犯以偏概全的错误。

我们可以这样理解，以上概念就像因地因势不同而形成的支流，但必将共同汇集成营销的主干流，支流可以很多，但干流只有一条。

因此，做营销的首要法则就是要建立营销的全局观和整体观，认清干流，以此作为开展和判断一切营销行为的准绳，在复杂多变的营销环境中，在各种营销新观念新思想的冲击中保持清醒的头脑和方向，面对充满不确定性的市场和未来，确保营销运营不偏离正确航道。

营销的干流就是营销的本质，作为重要的商业行为，营销的本质体现了商业的本质，即实现价值交换。

简而言之，企业的价值在于产品能够满足消费者的需求，而消费者的价值在于他们有能力购买某产品，这种购买能力为企业提供了赚取利润的可能。营销就是要达成企业和消费者之间的双向价值交换，这是营销的本质定律，所有的营销行为和营销理论都以这个定律为基础。无论商业环境和营销环境如何变化，这个定律始终不变。

目前，尽管互联网时代新的商业模式颠覆了传统的商业规则和营销方式，如果淘宝不为消费者提供打破时空限制的便利性购物价值，就不能换回消费者带来的流量价值，淘宝这个平台性产品的营销就成为无根之木、无源之水。

阿芙精油、三只松鼠、雕爷牛腩等用互联网思维打造的产品同样遵循了这个法则。由此可见不具备满足消费者某种需求的实际价值，也就不能与消费者形成长久的价值交换，不管是在线下还是线上。

企业和消费者的价值交换路径体现在产品变成商品再变成用品的过程。

就有形产品而言，是企业生产出来的具有质量、形态和重量的物理集合体，储存在企业的生产线或仓库中，还只能叫作产品。

产品不能直接为企业带来价值，必须通过经销商、终端商等环节，把产品推广到货架上成为商品，拿到通向消费者的入场券，最终被消费者选购，成为满足某种需求的使用品。

只有当产品变成了商品再变成用品，才能实现企业和消费者之间的价值交换，否则，产品就只能储存在企业仓库中变成废品。

营销就是要把生产线上的产品变为货架上的商品，再把货架上的商品变为消费者购物车中的用品，并得到消费者广泛持久的青睐，最终实现价值流动和交换。

瓶装水不过就是被灌装了的无色无味液体，营销让它有了各种各样的名字，农夫山泉、娃哈哈、康师傅、怡宝等，并被搬运到了货架上，成为有价格的商品，再通过各种促销手段成为消费者选购的商品，成为他们解决口渴问题的首选产品，确保优先换取消费者口袋里的钱来实现盈利。

六个核桃就是成功地把生产线的核桃乳变成了流通的商品，作为有益大脑的营养饮料，其明确的价值指向帮助它成为全国性的畅销饮料。

认清了营销的这个主干流，千头万绪、看似庞杂的营销工程实际上就是在围绕着一根主轴展开，即营销就是如何把产品变成商品，再把商品变成用品的过程。

法则二：设置好产品畅销的双驱力

在把产品变成商品，商品再变成消费者习惯用品的营销过程中，有两股力量起着根本性的作用，决定着产品在市场上的命运，我们把它们称为产品畅销的双驱力。

一种力量来自于消费者，其需求和认知构成了产品畅销的前驱力；另一种力量来自于企业的资源能力，即对渠道、团队、推广等资源的整合和运营能力，构成了产品畅销的后驱力。这两种力量缺一不可，相互作用，驱动着产品成为商品再成为消费者手中的用品。

产品存在的唯一价值就是满足了潜在消费者的需求，需求不存在，市场也就不存在，产品也就失去了存在的价值。因此，洞察潜在消费者还没有被满足的需求，是构建畅销产品的首要因素。

当年，随着到海边旅游热的兴起，人们的防晒需求被极大唤起，小护士防晒霜应运而生，成为护肤品市场满足防晒需求的畅销产品。

随着技术的进步，智能手机的出现及普及，苹果、三星、小米满足了大众对手机的需求，即时通信、娱乐、信息、社交、交付等移动需求一跃而起。相反，传统手机的领先品牌诺基亚错失抓住时代大需求的机会，导致产品落寞和衰亡。

老恒和料酒抓住目前调味品健康升级的需求，用纯酿黄酒与天然香料的配方，重新定义料酒，不仅增强了去腥、除膻、增香的作用，更满足大众追求健康生活的需求，成为调味品行业的黑马。

在信息爆炸时代，六个核桃洞察到在脑力竞争最激烈的时代，以此构建核桃乳有益大脑的独特价值，以饮料形式满足了消费者便利地获取核桃营养补益大脑的需求，把区域型的风味小产品做成了畅销全国的大产品。

需求是驱动产品畅销的魔手，而消费者大脑中对产品的认知构建伴随着这个魔手。换句话说，除了洞察潜在消费者需求外，还必须对他们进行产品的认知构建和管理，以此在消费者需求被激发时，第一时间引导消费者联想某产品，形成“需求——产品”解决方案的认知链接，只有形成这个认知链，才能完成对产品畅销的前驱作用。

口渴了，需要解渴，需求被激发出来，此时大脑根据经验认知，发出喝水的指令。面对货架上不同品牌的瓶装水，大脑进一步发出具体的产品指令，它们或因为高频次地出现在脑海中，或因为某种独特性在脑海里留下了深刻印象，而成为满足口渴需求的首选解决方案。

比如，农夫山泉通过电视广告、网络视频广告、分众楼梯广告等全方位、持续性地传播，让潜在消费者的大脑中高频次地出现了“大自然的搬运工”信息，从而对其建立了熟悉的产品印象。而广告不多的百岁山、屈臣氏等瓶装水则可能因为独特的瓶型让潜在顾客留下了深刻印象而被选择。

因此，洞察需求与构建产品认知是分不开的一体化工作。

由于消费者始终处于流动状态，即不断有新的消费者关注产品，同时，在海量产品信息的冲击下，需要不断维护和巩固产品的既有认知，避免产品认知因时间过长而被遗忘，或在信息涌潮中被淹没。

基于此，产品价值认知的构建还需持续的工作，不能因为今年是畅销品，就可以放松消费者对产品的认知构建，从可口可乐到六个核桃，所有保持着畅销态势的产品，从未因畅销而终止对产品认知的持续构建。

另外，由于需求始终处于动态变化之中，也会受竞争因素的影响，消费者对产品的认知构建也处于动态变化中。

农夫山泉刚上市时，通过“农夫山泉有点甜”的产品价值诉求，对接了消费者对山泉水“清甜”的天然联想，让产品快速传播进了消费者大脑。随着大众对饮用水安全需求的增强，农夫自身水源地战略的实施，矿泉水、纯净水等瓶装水不同水种的竞争加剧，农夫山泉对消费者的认知构建调整为“大自然的搬运工”，体现天然、安全的产品价值。

王老吉凉茶追求“怕上火喝王老吉”的价值诉求，随着商标案发酵，与加多宝展开了在消费者大脑中争夺凉茶“正宗”认知的地位之战。

六个核桃的认知构建也随着产品的发展阶段不断地进行微调，从“辛苦复习、紧张考试”的典型场景来激发需求、构建价值认知、引导消费，到“研究实证”、“真材实料”通过构建信任度来强化产品价值认知，进一步夯实“经常用脑，多喝六个核桃”的消费倡导。

总之，产品畅销的消费者驱动力来自于消费者的需求与产品的价值认知，需求越强、认知越牢固，对产品的畅销驱动力量就越大。而产品的认知构建是持续性的工作，需要用管理的思维去看待和展开。

驱动产品畅销的后端力量是企业的资源能力，产品从生产线到货架再到消费者手中，每个环节都将涉及企业人、财、物的投入，要保证产品能顺利生产、顺利进入渠道、抢占货架资源，还要最大限度地进入潜在消费者的大脑中，这将考验企业对资源的整合及运营能力。

很多具有市场潜力的新产品，大多都“出师未捷身先死”，失败于资源的匮乏。例如，缺乏具有战斗力的团队去开发和维护渠道，缺乏资源去开拓经销商，缺乏终端掌控能力，不能占据优势货架资源、缺乏推广资源与消费者进行沟通。

在产品极大丰富、选择过剩的时代，企业资源能力的不足是极其危险的事情，要么等不到产品发育成熟、被市场充分接受就夭折了；要么市场初见成效就被巨头抢占先机。因此，企业还要有腾挪资源的能力，善于像滚雪球一样把资源滚大滚强。

产品畅销的双驱力法则把复杂的营销工作厘清为两条战线，一条线是洞察需求、管理认知，另一条线是整合资源，推动产品的畅销。这两条战线都必须同时设置好。

法则三：建立用户思维的产品观

营销是为了销售产品，并力求广泛的销售区域、稳定的消费群体和持续增长的销售量，从而获得对企业持续发展的支持。所以说，产品是营销活动的物质载体。

在正常的商业社会中，买卖双方你情我愿才能达成购买协议，实现两者间的价值交换，而不是企业生产什么，消费者就得购买什么。

20 世纪二三十年代，现代汽车业的开山鼻祖福特曾扬言：“福特只生产黑色汽车”。言下之意就是你买或不买，福特都是黑色。这种卖方强权的现象，建立在汽车业方兴未艾时期，人们有比马车更强动力跑得更快更远的出行需求，而福特率先采用规模化、流水线的生产技术，释放了强劲的生产能力，满足了人们的需求。在那个时期，诸如颜色、车型甚至发动机型号等，并不是人们关心和追求的内容。因此，持规模化生产优势的福特才能如愿以偿。

如果人们坚持认为人类的脚步不需要加快，没有追求比马车更快走得更远的普遍意愿和欲求；又或者，人们对汽车快和远的需求已转移到对颜色、车型、发动机性能的选择上，福特就不会这么有底气了。

因此，要保证产品畅销，就必须先充分考虑到买方的需求和意愿。在从产品到商品再到用品的价值流动链中，存在两种买方，一种是把产品变成商品放到货架上的中间商，另一种是把商品放到购物车的消费者，这两类买方的价值取向完全不同。

企业把产品卖给中间商，中间商要用自己的渠道和货架资源帮助企业把产品卖给消费者，从中获取利差。

而消费者从终端购买商品，买的就是某个需求能被满足的意愿。

尽管企业必须充分考虑这两类买方的需求和意愿，但驱动买卖双方价值链流动的原动力在于消费者，即终端用户。

企业把产品摆在了中间商的货架上，如果最终不被消费者选购，不能换回消费者口袋里的钱，将导致滞销，中间商也不能从中获利，又将这种消极影响传导给企业。

一旦买卖双方的价值链无法顺畅流动，意味着产品面临滞销的局面，企业可能亏损。无论是经销商或是企业，都不愿意看到这种局面，然而这又是营销常常要面对的困境。例如，奇客饼干、红了网络饭饭、飞儿馍片、恒大冰泉、达奇鸡尾酒等，产品造势轰轰烈烈，招商大会招来了中间商，但最终因为没有流向消费者的购物篮而败北于市场。

俗话说："没有卖的人，哪有买的人"，强调中间商的重要性。同样，长期以来，没有买的人，也不会有卖的人，买卖双方的价值流动力由消费者来决定。

因而，企业必须首要考虑终端用户的需求和意愿，以此来构想、设计和生产产品，即建立用户思维的产品观，形成良性的买卖价值流动链。

用户思维的产品观是站在用户的角度设置产品，说起来很容易，做起来不容易。

企业经营者习惯从企业的生产角度去看待产品，认为只要原料好、设备好、产品品质好，就是消费者认可的好产品，就会被消费者接受，这是用户思维的初级层面。更深层面的用户思维则是要洞察用户需求、抓准用户痛点、做足用户体验。市场竞争越激烈，就越要重视用户思维在产品营销中的作用。

六个核桃初期的生存阶段，在激烈的饮料市场竞争中，它只是微小企业的其中之一，而且植物蛋白饮料在当时的饮料品类格局中，属于边缘化的小品类。椰树和露露两者的年销量总额为 30 亿元，而六个核桃在植物蛋白饮料的大品类中，只能实现 3 亿元的销售额。

一直以来，椰树和露露各自依据地域性的特色原料把植物蛋白饮料做成地方性的风味饮料，形成了“椰汁不过长江、杏仁露不过黄河”的局面。因此，植物蛋白饮料始终处于缺失全国性品牌、品类关注度低、品类体量小的状态中。

作为后来者，六个核桃从用户思维角度重新设计和定义产品，洞察在脑力劳动竞争激烈的信息时代，人们有通过健康营养食物补益大脑的潜在需求和意愿，六个核桃将产品价值定义为有益大脑的植物蛋白营养饮品，由此开启了高速成长之路。这不仅打破了植物蛋白饮料区域限制的魔咒，成长为百亿体量的全国畅销品，更推动植物蛋白饮料成了主流的饮料品类。

从立白洗手液的“不伤手”、益达口香糖“饭后嚼两粒”、统一老坛酸菜面的“酸爽味道”可以看到，六个核桃能从芸芸产品中脱颖而出，并成为消费者购物篮中常选用品，都是因为站在用户角度，洞察其需求、抓住其痛点、做好其体验的产品才最终得以实现的。

因而，用用户思维做产品，让产品成为终端用户某个需求或问题的解决方案，是产品畅销的前提。

第五章

Chapter 5

要义二　洞察需求

需求隐藏在问题和麻烦困境中，一旦被激发，将成为缔造伟大商业传奇的根本力量。

法则四：产品就是满足需求的载体

钻头只是一种工具，钻头满足了钻墙的需求，但是消费者购买的不是钻头，而是墙上的洞，如果消费者没有钻洞需求，那么钻头也就没有存在的价值。

消费者的需求好比是一张皮，产品就是需求这张皮上的毛，皮之不存，毛焉附之？

人们如果没有追求高速、快捷、远程的出行需求，就没有从马车到汽车、火车、飞机等交通运输工具的出现；没有从吃得饱到吃得好的需求，就没有有机食品、无添加食品、原生态食品等产品的市场；没有及时、远程沟通的需求，就没有电话、手机等通信产品；没有追求悦己悦人的需求，就没有琳琅满目的化妆产品；没有了解资讯的需求，就没有报纸、收音机、电视、网络等媒介产品；没有便利性约车的需求，就没有滴滴、优步专车等互联网的出行产品。

纵览世界商业发展史，就是一部人类需求的演化史，随之涌现出来的各类产品，都是为了满足需求的载体。

需求是生产产品的前提，需求构成了产品的前端内容，只要从构想、设计到最终生产成型都以满足需求为目的，产品就有可能成功。

20 世纪 90 年代有四川农民投诉海尔洗衣机质量不好，经过海尔调查发现，洗衣机不仅被农民们拿来洗衣服，还拿来洗红薯，红薯泥沙多，容易堵住排水管，同时耗损电机，破坏了洗衣机的正常功能。为此，海尔了解到了农民们的特殊需求，加大电机功率，增粗排水管，设计出可洗红薯、土豆的洗衣机，在农村市场成了畅销品。

刚进入社会的年轻人居住空间小、经济能力有限，同时，追求家私物件的轻便性、个性化，宜家家私分析这类群体的家居需求，设计和生产出要靠自己拼装、简洁而不失个性化、廉价而不失美感的板式拼装家私用品。为此，在家私行业，宜家家私用品成了为数不多，且能畅销全球的品牌之一。

产品的诞生并不是始于生产线上，而是始于对需求的洞察。围绕满足需求、消灭痛点、化解麻烦的解决方式去构想产品，再运用技术手段生产产品，生产出有形的实体产品或无形的服务类产品投入市场，形成从洞察到概念再到研发的构想过程，进一步催生了产品生产的科学、严谨、完备的诞生过程。

大多数亚洲人存在乳糖不耐受症状，喝牛奶容易腹泻。针对这一现象，提出了消费者如何能饮用牛奶时免受腹泻之痛的问题，乳品企业洞察到这一潜在需求，运用技术，降低乳糖含量，研发出利于肠道吸收、避免乳糖不耐受的乳制品。

洞察到大城市的出行需求，打的难、的士服务差的痛点，基于互联网信息技术的滴滴、Uerb 产品应运而生。

需求决定了产品的形式及命运。因此，先洞察需求，再生产产品，是理想化的产品诞生流程，但这要需付出一定的时间成本，并要经历艰难的试验阶段，才能使产品最终定型、投入市场。

3M 公司洞察到学生需在书中进行符号记录的需求，构想出帮助学生方便进行书上笔记的报事贴荧光笔，从研发到产品呈现就花了几年时间，这对企业的洞察力、研发能力及资金能力等综合能力提出了很高要求。

另外，不同于上述的另一种模式，即先生产产品，市场发展到某一阶段时，再挖掘产品的需求价值，重新定义产品价值，以寻求更大的发展空间，并赢得市场机会。

六个核桃开创之初，并非根据智力竞争时代消费者会更加关注益脑健脑的需求洞察而构想出的，而是在北方杏仁露已经打造消费市场的背景下，先生产以核桃为原料的植物蛋白饮料，跟随杏仁露开创消费市场。因此，无论其产品的包装，还是规格，都以杏仁露为设计蓝本，即 240ML 苗条罐，蓝色的视觉观感。

当六个核桃开拓属于自己的市场时，即从消费者的需求研究角度重新塑造产品价值，依托核桃原料的营养价值，将核桃乳与当下脑力竞争时代人们存在通过食物膳食补益大脑的需求出发，塑造了核桃乳的产品价值，从而释放出了巨大的市场驱动力，反过来推动了植物蛋白作为营养饮料的价值塑造，使其在饮料品类格局中成为主流。

王老吉当初是华南地区清火去躁的传统药饮，年销量徘徊在一亿元左右。在发现人们吃热辣刺激的重口味食物担心上火的需求后，重新定义产品价值，作为预防上火的清凉饮料成功畅销全国。

幼儿纸尿裤的市场需求始终低于婴儿纸尿裤。针对幼儿正处于学步期的成长特点，幼儿纸尿裤被重新定义为幼儿成长裤，满足了学步期幼儿能站立着脱掉纸尿裤的需求，为此，幼儿成长裤被妈妈们充分接受，获得了理想的市场增长，形成较大的销售规模。

不管是哪种模式，只有产品能够满足消费者的需求、解决现实问题，才有可能畅销。因此，对产品的根本考量，不在于规格、形态、包装等外在形式，而是具体的需求价值。

需要钻多大的洞，就用多大规格和型号的钻头，明确需求价值，作为需求载体的产品具体的外在呈现形式才有意义。

法则五：需求隐藏在现实问题或麻烦中

现实中存在的问题或麻烦与需求是硬币的两面，需求通常隐藏在问题或麻烦中，需要有智慧的头脑和预见性的眼光去洞察。

一般感冒药由于含有氟苯那敏等针对鼻子发痒、流鼻涕、打喷嚏等症状的抗过敏成分，服用后容易让人昏昏欲睡，精神不振，因此，这类感冒药通常在说明书上都要标明在开车、进行高空作业或机械操作等情况下不宜服用。那么问题来了，吃了这类感冒药司机不宜开车，老师在讲台上可能会犯困，商务人士谈判时会精神萎靡，工作完全不在状态。对忙碌的现代人来说，他们需要一种不容易让人嗜睡的感冒药，服用后不会影响白天的正常工作。

东盛集团敏锐捕捉到这个问题，洞察出背后隐藏的需求，推出分时服用的感冒药白加黑。白片由于去掉了氟苯那敏等抗过敏成分，白天服用不瞌睡，而黑片添加了抑制中枢神经活动、具有镇静催眠作用的抗组胺成分苯海拉明，因此夜晚服用睡得香。白加黑解决了服用一般感冒药嗜睡昏沉的问题，满足了患感冒期间的工作人士白天能工作而夜晚能更好休息的需求。使其在感冒药市场后来居上，成为畅销的主流感冒药产品。

实际上，每个问题、每个麻烦都蕴藏着潜在的需求，问题或麻烦越能被感知，需求也越容易被激发。

信息社会是脑力高度竞争时代，从学生竞考到职场拼杀、创业投资，拼的就是脑力和智慧，高强度的脑力劳动势必引发大众对益脑营养的关注，然而，人们在日常生活中缺乏便利性摄取益脑营养的途径。

核桃含有丰富的卵磷脂等益脑营养元素，被广泛认为是健脑食物的代表，但作为坚果形态的核桃需敲掉外壳才能食用，比较麻烦。同时，核桃的天然涩味并不能被大多数人接受，因此，通过核桃对大脑进行膳食补益的便利性和可行性存在明显障碍。

洞察到这一问题及背后的需求，六个核桃自行研发的“5. 3. 28”工艺，用饮料的方式解决了大众获取核桃营养的便利性问题，激发出他们能够使大众便捷而美味地获取核桃营养的巨大需求，8 年来销量连年翻番，到今天销量近 200 亿元，成为有益大脑健康的植物蛋白营养饮料畅销全国。

市场每年都有不计其数的新品推出，但据统计，只有不到5%的新产品能在市场存活下来，大部分新品失败的关键在于现实问题或麻烦并不能被明显感知，因此伴生的需求不明显、不强烈，难以被激发，我们称之为伪需求或弱需求。

一种含有枸杞和蓝莓原料的饮料被定位成护眼养眼饮料。诚然，当今我们生活在屏幕社会中，早晨睁眼打开手机屏幕，白天在办公室面对电脑屏幕，晚上回家看电视屏幕，这种早晚面对屏幕的生活方式对现代人的眼睛和视力造成了不良影响。基于此，该饮料试图用便利化的饮料方式为常对屏幕的用脑人士提供有助于养眼护眼的解决方案。然而，事实是在养眼和护眼方面，眼药水已经能充分解决问题了。针对眼近视和眼疲劳的各种类型的眼药水不仅使用方便，而且直接，具有很强的即时可感性，因此，既然通过眼药水养眼护眼的现有方式并不存在明显问题或麻烦，那么通过喝饮料的方式来养眼护眼的需求也势必不明显、不强烈，这就是伪需求。尽管投入了大量资源进行需求引导，但这个产品的市场前景仍然充满了难以逾越的伪需求挑战。

传统的火锅店充满火锅烟气和味道，翻滚的汤底容易溅起来烫手，存在着让人难以愉悦的就餐环境和体验问题，问题背后的需求催生了以优质服务和环境核心价值的海底捞。

的士少、打车难、服务差的问题蕴含着便利出行的巨大需求，催生了滴滴、Uerb 私车共享产品的快速发展。

传统洗衣粉不容易清洗干净的问题蕴含着快速简便清洗衣物的需求，让洗衣液产品成为新一代的洗涤用品。

传统长形插线板既占空间又不好收纳，一种甜甜圈型的插线板就此而诞生了，小巧、美观、有趣而又好收纳。

产品的前端是需求，需求在哪里？需求就蕴藏在各种现实的问题或麻烦中，虽然探索需求是一场非常复杂的博弈，但我们如能自始至终保持对现实问题或麻烦的敏感和探索精神，就有可能挖到需求的富矿。

法则六：从社会变迁洞察需求

人类总是喜欢趋利避害、喜新厌旧、追求安逸享乐，这些永恒不变的人性欲望随着社会经济、文化、技术及生活方式的变迁衍生出了不同的需求，而正因为存在这些需求的变化，才让各种新产品的诞生和成长成为可能。

改革开放后经济得以迅猛发展，推动着人们从追求温饱阶段向追求享受阶段过渡。大鱼大肉及经过精细加工的食物成为

20 世纪 80 年代和 90 年代高生活水平的标志，这使得营养不良的指标从过去的营养摄入不足向蛋白质、脂肪、热量过剩导致营养结构失衡转移。

在这种社会生活方式的影响下，肥胖症、高血糖、高血脂、高血压成为威胁人们健康的主要隐患，群众追求低热、低脂、高纤健康食品又成为新的消费需求。

在追求健康的时代趋势下，红薯、芋头、花生、糙米、玉米等过去被认为是农村条件差的人家才吃的粗杂粮成为城市家庭及餐馆常备的健康食品，频繁地出现在餐桌上。

谷粒谷力、粗粮王等以五谷杂粮为原料的新型谷物营养饮料正是满足了这种新的消费需求而充分被市场接受，同时也为五谷磨房、燕之坊等售卖现磨五谷杂粮的平台性产品提供了赖以发展的需求土壤。

反之，在全球健康需求及健康意识风潮的席卷下，风靡世界 100 年的可口可乐正遭受着高糖诟病，人们开始转向低糖健康饮料，可口可乐为此遭受不可逆转的需求变化影响，全球销量呈逐年下降趋势，最终企业推出了零度可乐。

与此同时，在日本，低糖并含有食物纤维的特保可乐火热市场，消费者完全无视可口可乐的正宗口感和配方，转而投向这种号称“对身体有好处、不容易变胖”的可乐。2011 年，麒麟首推以“可乐中所含的食物纤维可抑制脂肪吸收”为卖点的 Mets Cola，当年销量为 600 万瓶，为预期销量的 6 倍。

而介于水与果汁饮料之间的清淡饮料，比如，统一的海之盐，以符合健康趋势的低糖含量，为身体带来低负担的选择，正成为年轻消费者追捧的新饮料。

在高度工业化的今天，环境保护、食品安全成为新的消费需求，有机概念、绿色食品概念、无污染的原产地等概念应运而生。

在瓶装水市场，“大自然的搬运工”农夫山泉利用天然湖泊的水源地概念，激发了大众对瓶装水从卫生、干净、便利的需求升级到对安全水的关注和需求，在当下令人担忧的社会水资源环境中洞察到消费者对瓶装水在安全方面的需求升级，实施水源地战略，超越娃哈哈、康师傅、怡宝成为瓶装水的领先品牌。

技术的进步为社会带来深刻变革的同时，也影响着需求的变化。智能手机改变了过去人们把手机仅仅作为通信工具的需求，作为多功能的移动信息工具，激发和满足了移动状态中大众对通信、资讯、娱乐、支付、购物等一键化需求，技术导致的需求变化极大地冲击了座机、PC 机市场。

现在，互联网技术正让过去不可能被实现的需求变为可能。电商打破了购物的时空限制，实现了从全国到全球的海淘，从白天到夜晚的无时限点买卖，释放出足不出户即可实现便捷购物的巨大需求。

洞察到这种趋势，三只松鼠率先通过电商平台销售坚果，以线下比较少见的碧根果为主导产品，通过网络快速将这种过去稀罕而昂贵的坚果卖到了全国，从而在电商领域快速建立了品牌，成为销售额近 20 亿元的坚果第一品牌。

过去，传统销售方式的流通成本难以支撑坚果品牌卖到全国，但在互联网技术的推动下，供应链和流通渠道的成本大大降低，高性价比与无时空限制的购物体验结合，使网络购买坚果的需求被最大限度地激发出来，三只松鼠就此成为全国性的坚果品牌。

另外，非市场的力量也将对需求产生影响。20 世纪 20 年代，美国政府颁布禁酒令，让不含酒精的可口可乐替代了酒精饮料，引爆了美国市场。在中国政府的反腐倡导下，高档烟酒、礼品的需求大幅缩减，需求量直线下降，直接影响茅台、五粮液等高端酒销量。在高端需求萎缩的情况下，高端酒品牌纷纷推出小瓶、时尚的大众酒，像江小白等青春小酒一样，极力满足年轻人大众化的白酒需求。

推动社会变化的种种因素影响着需求的变化，因此，洞察需求也是洞察社会发展趋势，顺应社会发展趋势的需求必将让产品爆发出极大的市场生命力。

法则七：产品的市场机会不是填空就是开创

有些需求是显性而强烈的，就像一块尚未被开发的天然油田，一旦被发现，就会快速地填补市场空缺，而市场空缺是多维度的。

坚果是大众熟知且喜爱的健康食品，需求旺盛，街头小贩、小店超市、炒货连锁等线下售卖形式多样，遍布城乡。但在互联网的新世界里，坚果这块空白的富油田被三只松鼠填了空，通过线上售卖坚果，让三只松鼠率先成为畅销全国的坚果品牌。三只松鼠填的是互联网技术给坚果带来的全新销售渠道及购买方式的空。

过去，人们自己在家包饺子、做馒头，年节时才能包汤圆，费时费力。随着社会生活节奏加快及生活水平提高，人们对营养、美味、便利的食品需求日益强烈。在冷链技术推动下，三全速冻水饺、思念速冻汤圆填补了快速、便捷的市场需求空白。

蛋黄派作为营养、美味、便利的早餐及出行食品，最先是以高档舶来品的身份出现在市场，达利园率先把蛋黄派平民化，利用广布城乡的流通渠道，把蛋黄派卖到全国，达利园填的是市场层级的空。

填空性地满足需求，由于需求已经非常明确了，因此产品比较容易赢得市场，这个时候讲求的是抢占先机。

妙恋率先在市场推出酸酸甜甜的果汁调制复合乳，但市场发展速度跟不上，这个空还没来得及填满，就被后来居上的娃哈哈营养快线抢占了。

在奶茶遍布街头时，香飘飘率先通过工业化生产及强力推广，在市场及消费者的大脑里快速而及时地填上了包装奶茶的空。

当然，资本能力对抢占先机起着至关重要的作用，小洋人没及时填上果汁调制复合乳的空，就在于小企业遇到了大对手，这是小企业的噩梦。

因此，当下犹如洞开了世界大门的互联网新经济时代，面对新游戏规则催生新的需求，大家都忙于拉风投进行各种融资，用来跑马圈地，抢夺满足新需求的空位。

相比填空性的市场机会，开创性的产品面临的挑战更大。开创性产品针对的需求往往是比较隐形或还处于萌芽期的，需要对市场进行持续引导、教育及对需求不断进行强化，直至真正唤起并建立潜在顾客的需求意念。

六个核桃就是开创性的产品，借杏仁露拓展出来的植物蛋白饮料之势渡过了生存期后，走上了与传统植物蛋白饮料作为地方风味性饮料截然不同的一条道路。

基于核桃原料的价值属性，在脑力劳动激烈竞争的社会中，大众对如何增加脑营养、提升脑活力的关注度大大提高，基于这种趋势的判断和研究，六个核桃开创性地建立了有益大脑的类功能营养饮料价值，以此拓展出了比传统植物蛋白饮料更大的市场空间。

在此过程中，围绕“有益大脑”的价值，六个核桃从2009年到现在持续对市场进行需求的引导、教育及强化，未来相当长的时间里，六个核桃的价值教育及需求引导仍是其品类战略的核心。

“累了困了喝红牛”，功能性饮料红牛在中国市场对提神醒脑的需求引导及教育强化，10来年的耕耘和沉淀，才有了今天近200亿元的市场，成为功能饮料的代表品牌。

同样，当年凉茶走出广东，在全国市场建立预防上火的清凉饮料价值，也持续对大众进行了高强度的需求引导和价值教育。特别在北方地区，凉茶被认为是晾冷了的茶水，对品类全无认知，需求的引导更具挑战性。

传统认知中，香皂用来增香除异味，但舒肤佳香皂还具有杀菌功效。为了引导大众用舒肤佳香皂杀菌去污、清洁身体的需求，舒肤佳长期对公众展开卫生健康宣传，以此培养公众的卫生意识及习惯，从而对其香皂产生需求及信赖。

开创性的需求引导难度更高。由于需求犹如深藏土壤中的嫩芽，其长势的前途命数尚在黑暗中摸索，这就要对社会发展趋势、人性因素、竞争环境更具洞察性和前瞻性，坚持对市场进行培育及引导，把潜需变成显需、把弱需变成强需、把可有可无的需求变成必要的需求，这个过程投入大、风险大，但一旦成功，开创者所享受的市场红利也将是巨大的。

法则八：抢先占领满足需求的头把交椅

不管是填空性地满足需求还是开创性地满足需求，都只有一个目标，让产品成为满足需求的第一选择，坐上满足需求的头把交椅，以此赢得竞争优势和获得最大市场份额，从而打造出强势品牌。

想要解决头屑问题，哪种洗发水能满足这个需求？大部分人脑海里立刻会想到海飞丝。

牙龈容易出血，哪种牙膏能满足防止牙龈出血的需求？当然是云南白药牙膏。

洗碗容易让手变粗糙，哪种洗碗液不容易伤手？立白洗碗液。

炒菜用花生油，花生油选哪家又香又好？鲁花花生油。

吃火锅烧烤等重口味易上火食物，哪种饮料防止上火？王老吉。

经常用脑，哪种饮料有益大脑？六个核桃。

以上品牌都成功坐上了满足需求的头把交椅，稳固地享受着第一选择带来的市场红利。

要抢先占领满足需求的头把交椅，认知上的先入为主至关重要。先入为主有可能是市场上第一个运营的产品，但比第一个运营产品更重要的是要第一个让大众知道产品价值，第一个进入大众的认知范畴，在大众的心智认知中占领第一的位置。

智能手机并非苹果开创，也非第一个进入市场，但苹果第一个构建了大众的心智价值认知，成为智能手机的代表品牌。

丸美眼霜不是市场上第一个去皱眼霜，但却因“弹、弹、弹，弹走鱼尾纹”的广告词，成为大众心智认知中去眼纹的第一品牌。

第一个在市场上运营长效期包装小面包的是三辉麦风，但让包装小面包第一个进入大众视野和认知并占据第一位置的是达利园。

核桃乳也并非六个核桃开创，在六个核桃之前，就有大寨核桃露。但六个核桃率先对核桃乳进行了价值定义，第一个进入了大众的认知范畴，成为核桃植物蛋白饮料的代表品牌。

行为心理学认为，人的认知对其行为有着指导性和决定性的影响，商业领域也是如此。

如果说需求是产品的价值所在，没有需求，就没有消费驱动力，产品也就没有存在的价值和意义。那么，认知就是引发需求的触动器，只有产品的需求价值进入了人的认知范畴，才能被消费者所了解，从而在行为上被选择，用以满足需求。

因此，一旦确立了产品的需求价值，就要尽快地占领潜在顾客心智，抢先占据大众心智认知中需求价值的首要位置，实现先入为主。

人的印刻作用、追求简单、储存有限的认知特点决定了产品先入为主的重要性，即在让产品成为大脑里的第一联想时，就意味着已产生了强烈的排他性，在这种认知上建立的竞争壁垒可以确保产品成为消费者的首选。

在杯装奶茶的市场启蒙期，香飘飘就简单、直接地宣导大众“奶茶就要香飘飘”，一举抢占了大众对奶茶的首选认知位置。尽管优乐美投入大量的资金进行传播，运用强大的渠道力量进行竞争，大众对杯装奶茶的第一联想依然还是香飘飘。

对很多发展中的企业来讲，渠道及市场的拓展需要时间的沉淀，非一朝一夕就能成功。因此，要先入为主，最直接有效的就是要先声夺人，传播速度要比市场建设的步伐更快，层级要更高。

2009 年六个核桃确立有益大脑的品类价值后，除了快速在冀鲁豫根据地市场从地面到高空广泛全面地传播“经常用脑多喝六个核桃”的品类价值外，还在央视一套进行广告投放，在高空传播的制高点上进行价值传播，从高度和强度上对大众进行价值宣导，在全国范围内抢先占领价值认知的首要位置。

当年王老吉确定了预防上火的品类价值后，尽管市场还远未发展到全国，但同样也在央视这一高空传播的制高点上进行需求价值的强力传播，快速抢占消费者的心智认知。

当然，在选择多样、传播环境更为复杂的社会背景下，要实现先入为主，意味着要投入更多的资源。这也是三辉麦风、小洋人等小企业错失开创性产品市场红利的重要原因。

三辉麦风开创了长效包装面包，却被达利园的轰炸式传播丢失了认知第一的位置；小洋人妙恋开创的果味复合乳制品，除了“初恋”的味道未切中最大需求外，其传播势能与娃哈哈的声势相当，果汁牛奶复合乳制品却被娃哈哈抢去了第一的位置，成为品类首选，抢占了头把交椅。

所以，我们看到在互联网时代背景下，还在新世界跑马圈地阶段的各新晋品牌，热衷于各种融资，尽可能地找到资金找到资源，然后配合话题进行炒作和传播，运用互联网时代传播公关新手段，为了在大众心智认知中产生影响，抢占认知。

只有抢占认知上的第一，才算是抢占了满足需求的头把交椅。

法则九：满足差异化需求

如果产品某个需求价值已被牢牢占据，那么就要寻求不同的需求价值并快速占据，满足差异化需求，这也是产品的生存之道和正确的竞争之道。否则，产品跟在领先者的影子后面，要么投入了大量的资源却得不到相应的市场回报，要么只有降低价格获取劣质市场，品牌难有出头之日。

在OTC感冒药市场，1989年进入中国的康泰克捷足先登，凭借独有的缓释胶囊技术，“早一粒晚一粒，远离感冒困扰”。在当时，感冒药普遍要求一天吃三次，即每六小时吃一次，然而康泰克满足了大众对药效持久的需求，建立了只需两次分服的产品价值，建立了全国性的强势品牌。

随后，1993年泰诺进入中国市场，针对大众希望快速消除感冒症状的需求，打造“30分钟缓解感冒症状”的诉求价值，建立了“快效”的差异化价值。

1994年末，白加黑上市。针对服用感冒药容易犯困的问题，提出了分时服用的概念，“白天服白片，不瞌睡，晚上服黑片，睡得香”，满足了患者白天服用感冒药后避免打瞌睡，而夜晚休息得更好的需求。

满足差异化需求的独特价值，使得白加黑上市仅半年，销售额就突破了1.6亿元，占据了15%的感冒药市场份额，凭此进入了感冒药三强品牌之列。

而差不多同时代的海王银得菲，诉求“治感冒，快!”快速起效的需求已被泰诺充分满足，价值认知也已在大众认知中牢固建立。尽管银得菲投入了巨大的资金进行传播，但还是难以改变感冒药市场的竞争格局，在竞争中并没有取得较大的成功。

红牛牢牢占据了功能饮料市场的领导位置，针对疲劳、提神、醒脑、补充能量的需求已被红牛充分满足，而无论是娃哈哈启力的“喝启力添动力”，还是达利乐虎的“喝乐虎，增添正能量”，都是在为红牛占据的功能饮料属性价值作宣导。与红牛趋同的需求价值，使启力和乐虎在投入了大量的资源状况下，依然被笼罩在红牛的阴影中，市场销售额并不理想。

然而东鹏虽然直接使用红牛开疆拓土时期宣传模式，即“累了、困了、喝××”的需求价值，但其优势在于用差异化的瓶装形态及价格带，满足了与红牛不一样的消费群对功能饮料的实惠性需求，使东鹏在功能饮料市场上异军突起，成为区域性瓶装功能饮料的强势品牌。

六个核桃已在消费者的大脑里牢牢占据了益脑营养饮料的需求价值，大寨核桃露“脑力劳动喝大寨核桃露”、银鹭核桃奶“好脑力、好体力”、盼盼核桃慧“动脑不怕累”，无疑都在效仿六个核桃的模式。然而，在模仿的过程中，进一步带动了六个核桃的价值宣传，即强化了核桃乳品类的价值，并且巩固了大众的认知，没有达到宣传自身的目的，反而为“他人做了嫁衣”。如果没有找到真正有价值的差异化需求，这些后续成长起来的品牌在六个核桃的阴影下都很难长大。

因为人性及环境的复杂和多样性，使人的需求也呈现多样化的发展趋势。从需求的演化历程来看，大众化的基本需求满足后，需求就会根据经济、文化、教育程度、个体爱好等因素朝个体化、群体化、圈子化的方向发展，进行需求的分层演化。

比如，在满足饱腹的共性需求后，经济条件好的追求吃得好，健康意识强的追求吃得健康环保，奢华的追求吃得与众不同、珍奇稀有。正是需求的多样性和分层演化，使产品因满足了差异化需求而在竞争中制胜成为可能。

在生活用纸市场，有维达、洁柔、清风、心相印等强势品牌。但近年来，以“不漂色的本色纸”为独特价值的泉林本色，满足了健康环保的社会趋势催生出的健康用纸新需求，成为城市生活用纸的强势品牌。

在竞争激烈的智能手机市场，与国产手机一贯以来用所谓性价比概念，实质是低价获取劣势市场不同，OPPO以出色音质满足了音乐爱好者用手机享受音乐的需求，建立了音乐手机的独特价值。独特的需求价值使其在智能手机市场始终保持着中高端的品牌形象和不错的盈利水平。

当然，在寻找差异化需求时，要确保需求的真实和明确，并具有一定体量，而非伪需求、弱需求。

某感冒药产品诉求“抗病毒，治感冒”，在大部分消费者分不清病毒感冒还是细菌感冒时，满足治疗病毒感冒的需求其实是模糊的，谁说康泰克、泰诺、白加黑这些强势品牌药就不是抗病毒的呢？

另一方面，消费者只关心效果，不关心病因。因此，抗病毒的需求是伪需求，该感冒药很难用这个貌似差异化的价值来打破感冒药市场的格局。

而需求的规模是基于盈利的考量，弱需求小市场，不利于实现盈利。不过针对更个性化、个体化的小需求，定制化的新商业模式也正在尝试中。

法则十：需求需要被引导和被激发

人性所致，群众对未经实践检验的事物都存在疑虑，在检验事物优劣时，习惯用现实带来的安全性和简单性进行考量。因此，在很大程度上，人们的购买决定受控于习惯性，非刚性需求的新产品在变为必需品或习惯用品的过程中，需要对大众持续进行需求的引导和激发，并建立价值信赖感。

这些趋势性的需求，就好比星星之火隐藏在现实生活和习惯中，不易被察觉。而市场开创者一旦洞察到需求的微光，就会不断地向它煽风吹火、添油加炭，让星星之火燎原市场，让潜在需求变成显性需求、微弱需求变成强劲需求，这是需求不断被引导和激发的过程。

有些需求的引导力和激发力来自产品的具体功能，比如，更好的产品使用体验。

人们习惯了招手即停的传统出租车服务方式，而Uerb、滴滴等通过私家车共享来解决出行需求的新型服务，通过网络订车或就近调车的方式保证预约车能快速到用户家门，避免了出现拒载、长时间等待、恶劣天气等车等使用传统出租车时常遭遇的不愉快的系列问题。

有些粗心大意的乘客容易将物品遗留在车上，如果记不住出租车的车牌号又不拿发票，再碰上素质和品德欠佳的司机，遗留的物品很可能石沉大海。而私家车服务通过网络订车，司机电话、车牌号等信息一目了然，并快速保存，一旦遗留物品很容易查找。

在费用支付方式上，传统出租车的现金支付，找零既花时间又麻烦，而私家车的移动支付更方便快捷。

显然，在通过补贴鼓励试用和圈子口碑传播的助推下，比传统出租车更佳的产品体验，让大众对Uerb、滴滴等方式出行产品的需求被快速引导和激发出来，一旦使用过一次，就会因其方便快捷等优势而被广泛接受，逐渐培养新的租车习惯。

对高关注度或即时体验效果非常明显和强烈的产品来说，这种更好的产品使用体验是最直接和最有效的需求引导和激发。在以上示例中，私车和出租车截然不同的服务和体验会立刻带来强烈的对比，通过对比实现替代性的产品优选。

智能手机凭借无线联网和开放的操作系统，实现移动通信、娱乐、信息、支付等强大的功能，带来了与传统手机完全不同的用户体验，迅速激发了大众对新一代手机的巨大需求。从2007年第一代苹果（iphone）为起点，智能手机的发展在将近十年的历程中，全球普及率已接近40%。在中国，截至2015年4月底，移动互联网用户已达9.05亿，全中国三分之二的人都在使用智能手机，并通过移动通信设备访问互联网。

而对食品饮料、日化类等关注不高或即时体验效果不明显的非必需产品来说，如非特殊情况，难以快速并爆发式地激发需求。

例如，20世纪20年代，美国政府实施禁酒政策，不含酒精的可口可乐成为酒精饮料的替代品，大街小巷的酒吧都在卖可口可乐，促使大众只能喝可口可乐，政策因素最大化了激发大众对可口可乐的需求。

而中国奶粉三聚氰胺事件让大众对豆奶、植物蛋白饮料等非乳饮料的需求得到了爆发式地激发。

一般而言，这类产品需求的引导和激发通过消费观念和产品概念的持续灌输来实现。如果更好的体验和更强的功能是对需求进行短跑式的引导和激发，让产品的爆发式发展成为可能，那么，靠消费观念和产品概念灌输的需求引导和激发过程则是一场马拉松，需要耐力和渐进引导。

2009 年到至今，通过聚焦用脑人群，拓展高考季成为品类价值宣导季和销售季，建立和升级大众对产品信任等，六个核桃对大众一直在持续进行形态多样的“经常用脑，多喝六个核桃”的产品概念和消费观念的灌输，让其有益大脑的产品价值更广泛、更深入地影响潜在顾客，在社会大众对产品价值广泛认可的同时，牢固建立六个核桃和益脑营养饮料之间的心智链接。

对即时体验效果弱的产品来说，只有对其价值概念形成根深蒂固的观念认知，才能保障产品需求的稳定性和持久性。

对瓶装水来说，给消费者带来的唯一直观差异是价格，品质的优劣、水种的差别则完全通过概念来引导和灌输。因此，昆仑山上市 5 年来，对大众不断进行雪山矿泉的好水观念引导及灌输，耕耘和培育着高端水市场，而在中国，人们对高端水需求的引导和激发更是漫长和渐进的过程。

这也解释了为什么大众广告是快消品重要的营销方式，由于其差异化的价值感知弱，那么能在消费者大脑中产生差异化价值认知的观念灌输更需要天天讲、月月讲、年年讲了，讲多了，也就被大众认同了。比如，脑白金讲了十几年的“今年过节不收礼，要收只收脑白金”，尽管被批评为念经一样的恶俗广告，但“收礼只收脑白金”的概念却已牢牢印在了很多人的大脑里。

法则十一：卡位场景激发需求

对非需品来说，需求的激发可以从卡位产品的典型价值场景入手，在麻烦或问题最突出的典型价值场景中诱发需求，相当于在“习惯”这一抵抗力最薄弱的地方为产品寻找突破点，让产品价值接受起来比较容易，从而实现市场的快速驱动。

长期以来，中国人对洗发护发产品的观念中，并没有把头皮屑作为关注的重点。海飞丝将头皮屑放大到关系个人形象的高度，重点关注社交生活场景，不断提示头皮屑将会影响到个人形象，看似风光的外形可能会因为头皮屑而大打折扣，营造让人尴尬的氛围，头皮屑会直接影响到人与人之间的交往。想想看，那些在城市职场上追寻社交形象的白领哪能容忍和朋友谈笑风生之时头发上暴露出来的星点头皮屑呢？它不仅关系到形象风度，更透露出一个人的教养素质。

用头皮屑在社交场景引发的问题，海飞丝激发了城市白领们对头皮屑的关注和重视，由此极大地激发了他们解决头皮屑的迫切需求。

“怕上火，喝王老吉”，作为预防上火的清凉饮料，王老吉卡位最容易引发上火的重口味餐饮场景。高空广告用“热、辣、爽”的火锅场景持续对大众进行使用场景的示范宣导及印象强化，线下重点在川湘菜馆布局，辣得酣畅淋漓的时候来罐凉茶，口感清爽，不仅即时解辣，还可以预防上火，在此种场景中，人们顺理成章的接受这个用三花三草调制出来的饮料。

在川湘菜馆遍布全国的社会背景下，王老吉卡位川湘餐饮的价值场景让其打破区域性饮料的局限，快速占领了全国凉茶饮料销售市场。

同样，六个核桃在激发人们对益脑需求的关注时，卡位学生“辛苦复习、紧张考试”的典型用脑场景，通过用脑场景的渲染，耗费脑力、提升脑力，以此激发大众通过膳食补益益脑健脑的需求。

“经常用脑，多喝六个核桃”，正是卡位用脑的典型场景，快速建立了六个核桃的产品价值，并由此拓展全国性的巨大需求市场。

对于自己熟悉的场景，由于不存在陌生的距离感，因而人们很容易被带入和被感染，具有设身处地的强大影响力和说服力。因此，在熟悉的场景中暴露麻烦或问题，不失为一种巧妙而有效的需求激发方式。

场景由地点与时间两个维度构成，即何地和何时，只有明确了这两个因素，其消费的指导示范性更明确，使需求更容易被激发出来。

益达口香糖“饭后嚼两粒”，从时间上卡位餐后食用时机与场景，突出清洁口腔的产品价值，激发了大众消费口香糖的黏合性和广普性需求，这比“清新口气、清洁口腔”等更具有明确的消费价值指导意义。

“健康第五餐”的天地一号苹果醋，“饭前开胃、饭中美味，饭后不撑胃”，也给予了产品非常明确的消费时机和场景。

同时，对于典型价值场景的卡位，理想的状态是从影响认知的宣传到现实使用场景的一致性。

比如，凉茶在传播上卡位火锅场景进行价值宣导，同时，通过销售渠道空间地点也找到了川湘餐馆作为现实的使用场景，即具有产品价值的示范性消费渠道。

而六个核桃也找到了高考季作为品类价值的深化引导时机，不仅在广告宣导中持续强化用脑喝六个核桃的产品价值，也落地实施销售计划，将每年3—6月份的高考季拓展为独有的销售时机，从销售时机这个时间维度上抓住了高考复习高强度用脑的现实使用场景，即具有产品价值的示范性消费时机。

很多产品由于缺乏典型场景的代入和引导，由此造成疏离感，让人们很难融入产品设置的价值氛围中，需求的激发力不够，产品很可能就流于好概念，而难以转化成购买驱动。

比如，采用具有明目和补肾功用的枸杞作为原料的饮料，其原料价值感非常好，只是难以寻找到能卡位的典型使用场景，啥时候喝？啥状态喝？缺乏明确的示范指导性，使得其需求的激发力不足。

当然，并非每个产品都有典型价值场景，从这个角度判断，难以寻找典型价值场景的产品，其赢得市场竞争的机会也越小。

法则十二：卡位人群激发需求

人群是考量需求激发点的另一个维度。

有些产品的价值与某类人群的需求特点高度吻合，成为使用产品的典型人群，对其进行卡位，需求也容易被率先激发出来。

20世纪90年代，中国经济蓬勃发展，伴随“要致富先修路”的发展思路，汽车运输业进入空前的繁荣发展阶段，汽运网络延伸到全国城乡。交通运输业的发展对司机的需求大大增加，从而产生了大量的司机，他们日夜奔跑在各条公路线上。

随着经济的发展，社会物质财富的增多，私家车成为人们日常的交通工具，城乡私家汽车的保有量大增，开车上下班、自驾游、回乡探亲逐渐成为一种新的生活方式，红牛正是这个时候进入中国。

司机这个新兴群体的数量在中国逐渐增多，洞察到这一现象，红牛率先对其卡位。针对长途司机容易犯困、疲劳的问题，在加油站广泛宣传“汽车要加油，我要喝红牛”、“累了、困了喝红牛”，以此激发他们提神醒脑喝红牛的强烈需求。由此，聚焦这一价值及族群，通过10来年的市场耕耘，红牛全方位的扩展了中国市场。

植物蛋白饮料市场方面经由露露的开拓和培育，植物蛋白饮料已成为北方的节庆箱货礼品。六个核桃遵循这个消费形态，附加益脑营养饮料的产品价值，迅速扩展和培育了节点箱货的礼品消费市场。

同时，为了让益脑的独特产品价值更深入大众认知，六个核桃寻找到学生这一高强用脑的典型人群对其卡位。挖掘出高考季作为品类价值宣导和销售季，以此逐步实现六个核桃从传统箱货节点到日常消费的战略构想。

在电子通信行业，小米也是卡位人群激发需求的成功案例，在打造品牌时，它提出了粉丝效应，把品牌的拥趸称为"米粉"，这些外在概念实质上体现了小米的人群卡位理念。

小米卡位的核心人群不是传统意义上的手机消费者，也不是对手机通信技术毫无了解，而是着迷于手机技术狂热爱好者，他们来自 MIUI 论坛上对产品特别热爱的用户群体，在这个平台上，小米给予了他们充分参与的机会，让用户感知存在感，从而让他们积极参与到小米的产品研发和品牌塑造等环节中。这群年轻、对技术充满热情的用户群体被小米称为"种子用户"，成为小米的核心用户群，小米犹如找到了手机世界的一个支点，尽管中外强势品牌在手机市场竞争中占据主导地位，但靠着粉丝滚雪球式地扩大消费辐射，这个 2011 年才入市的后来者还是在强手林立的手机市场中赢得了的竞争优势，撬动出了自己的大市场，2015 年出货量达 7000 万台，据称稳居中国智能手机销量冠军位置。

从长远看，只有寻找到与产品价值高度匹配的典型人群，以此培育高黏合度的核心消费群，才能保证产品具有持久而稳定的市场生命力，避免通俗化和随波逐流。

例如，红牛已形成的司机人群，六个核桃正在影响着的学生人群，小米的技术狂热爱好者，他们是品牌和产品真正的价值粉丝和市场持续发展的源泉。

在物质资源极大丰富，选择已然多样化的时代，任何非刚需的大众化新品，要打破消费者已有的习惯，认知及竞争对手的强大壁垒，已经变得相当不容易。而要一举获取全面而广阔的市场，则意味着需要更大的资源投入，但结果极有可能是往大海里撒盐。

取自于长白山深度地下矿泉的恒大冰泉要让大众喝好水，仅在广告投入上，一年就花费几十亿元，宣传造势超过任何品牌瓶装水。农夫山泉、怡宝等强势瓶装水品牌用超过 10 年时间打造出来的渠道资源和品牌资源，恒大冰泉依靠强大的资金实力在两年内就完成了，货铺到了全国，品牌知名度也不亚于竞争对手，但却因动销不畅亏损巨大。

毋庸置疑，作为瓶装水，恒大冰泉 5 元高价格带的定位与取其长白山深度地下矿泉的稀有资源是匹配的，但失误在于本应卡位有高消费能力、对中国水资源环境深有认知和担忧的精英人士的恒大冰泉，却对价格敏感的普通大众发动了进攻，尽管一夜之间渠道铺到全国、声名鹊起，但仅用长白山好水的概念很难取悦对价格敏感的大众。

目前，面对普通大众，恒大冰泉已实行了降价策略，和同一价格带、面向大众的农夫山泉、怡宝等瓶装水进行正面竞争。但是在竞争产品大量齐聚的市场面前，也许这并不是好策略。

选择多样化也意味着价值存在着多元分化，因此，卡位典型人群，实质是在市场竞争中寻找生存缝隙，聚焦资源，使特定人群最先认同产品价值，激发他们的需求，以此快速撬动市场，并形成持久而稳固的市场源泉。

随着市场发展，在典型人群的推动下，让产品逐步成为主流，被大众跟随者接受。“你的能力超乎你的想象”，红牛正是享受了卡位典型人群带来的产品带动红利，作为功能饮料的领导者，已从司机人群拓展到了每一个为自己拼搏的人。

第六章

Chapter 6

要义三　六感体验

产品的价值体验越强烈，越容易激发需求，也越容易建立产品的价值认知。

法则十三：产品的价值输出要有强烈的体验感

婴儿喜欢用嘴啃他接触到的任何物件，这是他在用嘴巴的触觉感受和认知世界。

人类认知事物的方式和婴儿一样，首先用“眼、耳、鼻、舌、身”等身体感官来认知客观世界，形成体验和经验，进而构成意念，即建立认知概念。体验和经验是人建立认知、进行学习的重要方式，在商业活动中是能够帮助消费者建立产品认知、印刻品牌烙印、驱动消费的重要途径和手段。

产品的价值建立在消费者需求的基础上，需求产生了产品价值。然而，产品承载的价值通常是意念上的抽象概念，需要转化成强烈的体验感传输给消费者，建立消费者对产品价值眼、耳、鼻、舌、身的感官体验，又作用于“意”，形成并强化产品在消费者大脑里的价值认知。

消费者对价值的感知体验越强，对产品的价值认知越深入，就越容易激发需求。让消费者充分感知到产品的独特价值，这是激发需求要考量的最后一个维度。

苹果手机是全球智能手机的引领者，其产品承载着技术领先和设计时尚的先锋价值，技术和设计时尚就是抽象的概念，必须通过功能、造型、售卖方式甚至故事等产品的外在表现元素传输给消费者，让消费者切实感受到苹果作为智能手机技术和潮流代表者的产品价值。

用乔布斯的话来说，就是“情感的经济”将取代“理性的经济”。基于硅芯片上的技术制胜时代已经过去，取而代之的是“与消费者建立情感共鸣”和“制造让顾客难忘的体验”。

商业天才乔布斯深谙人性能够影响着产品的命运。因此，苹果独有的 ios 操作系统运行快、流畅，能够容纳大量软件，消费者使用起来简单、方便、好操作，同时，从多重触点到指纹解锁，又让消费者在苹果充满质感而精致的触屏体验中充分感受到苹果卓越的技术和工艺。总之，苹果向消费者展示的每个产品点和接触面都折射出了引领智能手机的技术和时尚价值。

在黑色耳机线流行的时代，苹果大胆的设计出白色耳机线，新生代年轻的苹果手机和白色耳机线在大街上成为潮流时尚的标签。仅凭苹果敢于突破常规设计理念的创新性思维，就获得了全世界年轻人的追捧。

星巴克的产品价值不仅在于向顾客提供一杯香浓的咖啡，而且提供让人愉悦的休憩空间。因此，独特的“星巴克体验”让全球各地的星巴克成为人们除了工作场所和生活居所外的“第三生活空间”。

由于店内禁烟、禁止员工使用香水、禁用化学香精的调味咖啡豆、禁售其他食品和羹汤，因此，在星巴克你闻到的是自然醇正的咖啡气味，时刻提醒你星巴克能提供高品质的咖啡。

在暖色的灯光下，蜷缩在舒适的软体沙发上，相伴着店内爵士乐、美国乡村音乐或钢琴独奏等背景音乐，喝一杯热情友好的咖啡师为你调好的香浓咖啡，店内每个元素都对顾客的眼、耳、鼻、舌、身、意进行着放松下来的劝诱，让步履匆匆、充满疲惫的人士在这里停下来，营造“偷得浮生半日闲”的氛围，以此让顾客充分体验和感受星巴克提供的“第三生活空间”的产品价值。

正是基于带给顾客强烈的价值体验，星巴克成为全世界许多都市职场人的心头好。正如其创始人舒尔茨先生所说：“我们不是提供服务的咖啡公司，而是提供咖啡的服务公司”，独特的星巴克体验是它从街头小咖啡店成功发展到全球咖啡连锁店的秘密所在。

三只松鼠作为互联网时代的新晋坚果品牌，给消费者带来了完全不一样的产品价值体验，其创始人宣称三只松鼠的战略核心是“和消费者更近”，如何做到呢？

产品的第一印象就要让消费者有感觉。三只松鼠的命名立刻让消费者产生了直观联想，可爱的萌宠形象跃入消费者眼中和脑海里，让消费者觉得又亲切又好记。而尊称顾客为“主人”的网店拟人化沟通，让顾客觉得有趣又轻松。更重要的是当顾客打开三只松鼠的包裹时，会看到密封袋子的夹子、装果皮的垃圾袋等配套物件，这些设计就让那些担心剩余坚果如何密封、不方便吐壳皮的顾客对三只松鼠的好感度大增。

所有消费设计给予顾客体验三只松鼠的完整系统，让消费者充分感受到三只松鼠作为电商坚果品牌“和消费者更近”的独特附加价值，这个“互联网顾客体验的第一坚果品牌”，带来了与传统坚果售卖完全不一样的消费体验。

前面谈到的卡位场景、卡位人群本质上也是产品价值输出时营造强烈体验感的重要方式。

例如，热辣的火锅场景喝凉茶，凉茶入口的清凉口感让预防上火的产品价值得到最直观的体验；六个核桃卡位学生高强度用脑的高考季，紧张而繁忙的学习氛围让目标群感同身受，让六个核桃益脑的产品价值得以示范和宣导，进而强化产品的价值认知；街头上露出白色耳机线的潮人作为风范榜样，也为苹果带来了时尚科技产品的价值感受。

此外，产品形态、包装、沟通、广告、卖场等产品展示点和接触面都是产品在对消费者进行价值输出的体验方式。

法则十四：产品的视觉静销力

一般情况下，在交往的过程中，首次见面我们能记住的只是外貌和装束，因为视觉是人获取信息最重要的感官。

俗话说："眼见为实"，就是人们会更加信任通过眼睛获取的信息。

在佛教的"眼、耳、鼻、舌、身"五识中，眼识位列第一，说明眼睛是认识世界的首要器官。人体科学研究表明，视觉是五感之中感受最强烈感官，据了解，在人们日常获取的信息中，有83%是通过视觉接收。

视觉感官对人们获取信息如此重要，在于视觉把所有的概念通过影像画面具体化，变成可感知和可评断的信息。比如，看到小草变绿，河水解冻或桃花开，就知道春天来了，进而，说到春天，脑海里便浮现桃红柳绿的画面。

因此，抽象的产品信息在进行价值的体验转化时，视觉是第一感知力。换句话说，当消费者首次看到产品时，要让人产生强烈的价值联想，不仅要让消费者记住产品信息，而且能够激发消费者购买欲望，这就是产品的视觉静销力。

凡是眼睛接触到的产品信息源都能打造出产品的视觉静销力，对实体产品来说，产品形态、造型、包装、陈列等都是影响产品静销力的主要因素。

例如，白加黑，一版药片中分黑白两色，从产品形态上给予"分时服用"的产品价值，视觉体验非常直观，也很强烈。

加酶洗衣粉与普通洗衣粉在视觉感官上的区别是有无蓝色小颗粒。这种小颗粒是帮助去污的酶制剂，本来是淡黄色的，但被染成蓝色，让人感觉特别洁净，把辅助去污的酶制剂价值进行了视觉强化，这种蓝色颗粒混合的产品形态从视觉感官上实现了强力去污的价值观感。

苹果开创的白色耳机线及简约流线型机身设计，赋予了科技产品十足的时尚、前卫视觉感。

传统的卫生纸以白色为主，泉林却大胆运用淡黄色，在大量的竞争品牌中，虽然看起来旧旧的，但就是这种视觉观感不仅让泉林本色看起来与众不同，让“不漂白的本色纸”价值带来了直观的视觉体验，突出了不漂色的产品价值。

彩虹糖是五颜六色的小颗粒，绚丽、活泼，给青少年们带来了愉悦的视觉观感，让休闲食品显得格外轻松有趣。

产品形状和造型的差异就是独特价值的最佳视觉表达，但当产品无法从自身形状和造型上体现差异化价值时，包装的价值体验就显得尤为重要。包装作为产品价值的重要外在载体，涵盖了包装造型、包装材料和包装设计等要素，每个要素都要指向产品的核心独特价值。

不管是纯净水还是矿泉水，湖泊水还是雪山水，看起来都没有丝毫差别，无色无味，但因为包装设计的差异，产品的价值指向和体验感也完全不同。

农夫山泉的独特价值体现在包装的瓶标设计上。最初农夫山泉的瓶标是千岛湖画面，后来升级为概念性的山水图，吻合了农夫山泉“大自然的搬运工”价值，即农夫山泉不是城市自来水，而是天然湖泊水，也吻合了农夫山泉水源地的战略。

为了突出长白山矿泉水，瓶标设计完美地体现了独特的价值体验，设计者为英国设计师，各系列以长白山的珍贵动植种为概念进行设计，体现长白山水源地优质而独特的生态价值，为产品深深烙上了长白山的印记，同样以长白山为水源地的恒大冰泉，在产品价值的视觉体验上明显不足。昆仑山则从瓶型上体现独特价值。比如，雪峰高耸的长颈粗身包装造型，在瓶装水中确如一座雪峰一样突出，让消费者从瓶型上加深了“雪山矿泉水”的价值印象。

洽洽瓜子用马粪纸铝膜包装材料提升了传统炒货的价值感，马粪纸的怀旧感觉从视觉体验上保留了炒货的传统感，消费者看到洽洽瓜子，就会产生正宗、地道的价值联想。

六个核桃在包装造型和材料上延续了植物蛋白饮料三片罐苗条装的传统，但其包装设计充分体现了益脑的产品价值。首先，蓝色作为冷色调，象征理性和智慧，被称为“科技色”，蓝色正是六个核桃的主色调，是六个核桃最重要的产品价值视觉识别符号，在视觉感受上充分地体现了六个核桃益脑的产品价值。

其次，核桃流乳的视觉符号，打破了消费者看不见罐中饮料的隔离感，带来了真材实料的品质联想，除了阶段性的鲁豫代言人形象，这两个重要视觉元素打造了六个核桃的视觉静销力。

此外，终端陈列也是打造产品视觉静销力的重要战场，展示面大小、造型、位置等都能在终端抢夺消费者的眼球，只要能被消费者看入眼，就大大增加了购买机会。

当今的产品市场竞争已进入拼颜值的时代，消费者看貌择物，产品的视觉静销力要足够强大，才能进入他们的法眼。

法则十五：产品的听觉静销力

大家都有看恐怖片的体验，如果把声音调到静音，恐怖指数立刻直降为零。

在佛教五识中，听觉感官即“耳识”排在第二位。

在聋哑人的认知中，他们的世界和常人感受完全不一样，因此，海伦·凯勒在1910年的一封信中写道：“失聪比失明带来的影响更为严重和复杂。失聪是一种更加糟糕的厄运，因为这相当于失去了活力的源泉——声音带来的不仅是语言，还能活跃我们的思想，使我们与这个智慧的世界保持同步”。因为声音对信息具有强大的塑造力量。

声音是人类通过听觉感官感知外部世界、建立认知的符号。听见窗外的沙沙声，知道下雨了；听见小朋友咳嗽声，妈妈们就立刻警觉，观察小朋友是不是感冒了；甚至听到轻盈的脚步声，就能揣测出他的美好心情。正如哲学家兼作曲家大卫·罗森伯格所说的“声音把我们带进了画面”，因为声音能帮助人们把抽象的概念变成可感知的具象，并产生带入感和感染力。

在产品价值的输出中，充分启动消费者的听觉感官体验，为产品价值塑造出可感知的声音，将产生鼓动人心的魔力，对独特的产品价值产生深刻的印象，即让产品具备听觉静销力。

美国营销大师爱玛·赫伊拉说：“不要卖牛排，要卖滋滋声”。美味只是一种抽象描述，但“滋滋声”却通过感官听觉营造出了活色生香的美味，给人牛排刚出炉的感觉，新鲜、热辣、多汁，所有关于美味的诠释都蕴含在“滋滋”声中。

在汽车行业，关门声能给人们带来品质联想，如果关门声沉稳厚重，会让人产生豪华车的感觉，而关门声空洞细弱，消费者对车的档次感就会降低，所以关车门的声音是汽车行业重要的设计内容。工程师在设计讴歌TSX车型的车门时，用新技术设计窗框，从而减少关门时发生的高频振动，还设计了特殊的车门封条，也可以有效减少振动，从而创造出高品质的关门声。

广告作为传达产品信息的视听载体，在产品价值自身的听觉体验不突出的情况下，可放大产品价值的声音符号，强化消费者对价值的听觉体验。

消费者“冰爽畅快”的听觉体验如何用声音体现出来？可口可乐的广告保留产品镜头，可乐倒入装满冰块的玻璃杯里，冰块冲击玻璃发出清脆的嘎吱声，就像大自然中冰块裂开的声音，让消费者通过感官听觉感受到酣畅淋漓的冰爽，特别在炎炎夏天，听到这种声音谁不想立刻就来一瓶消暑降火呢？

薯片广告会特别强调嚼薯片时发出的咔吱咔吱声，生活中的实际体验让人觉得这个声音倍加亲切，就会觉得薯片香脆可口，咔吱声让薯片的脆感通过听觉表现了出来，声音塑造出薯片的脆感诱惑。因此，洽洽干脆为自己的薯片品牌命名为“咔吱脆”，这个象声词让消费者每呼唤一次品牌名，就对产品产生一次听觉上的鼓动力。

家乐氏认为谷物食品的松脆度是产品制胜的关键。为了带给消费者强烈的脆感体验，他们雇用了一个丹麦的实验室，专门制作早餐麦片在齿间嚼动时被粉碎的“嘎吱声”，家乐氏甚至为这个声音申请了专利和商标，在电视广告中，清脆的咀嚼声成为家乐氏最大的卖点，消费者听到这种“嘎吱声”，耳朵就会告诉他们家乐氏的松脆麦片来了。

南方黑芝麻糊塑造出了传统工艺、味道纯正的产品价值，很好地运用了符号性的声音。“黑芝麻糊～诶！”出售南方黑芝麻糊的吆喝声传到消费者耳朵里，唤起了大众儿时的记忆，小时候的东西，让人觉得纯正、地道和美好。这一吆喝声，为消费者的感官听觉上带来了正宗、地道的体验。

注重场景体验的产品，更倚重声音对消费者所产生的听觉体验。“维多利亚的秘密”在店铺里播放古典乐，创造出独特的气氛，让顾客体验“高贵”。而星巴克的“第三生活空间”，店内永远播放爵士乐、美国乡村音乐或钢琴独奏等音乐，夹杂着研磨咖啡豆的机器运转声，通过听觉的感官体验给顾客营造出星巴克专属的轻松、惬意空间。

尽管不是所有的产品价值都能通过声音产生听觉体验，但听觉体验确实是感知产品价值，建立品牌印象的重要手段。英特尔处理器内置在电脑主机箱中，几乎没有人看到过它的芯片产品，但一听到“pang \ pang \ pang \ pang”节奏简短而明快的音乐声，立刻就让人知道这是英特尔处理器，声音让看不见的产品变得形象又生动。

所以，尽量为产品价值和品牌设立独特的声音符号，让它们通过消费者的感官听觉深入到人的心里并被打动。

法则十六：产品的嗅觉静销力

如果你觉得这个喧嚣的世界对你的影响太大，想让你的感官稍作休息，你可以闭上眼睛、捂住耳朵、闭紧嘴巴，不看、不听、不吃，甚至不去触摸，但你不能不呼吸。呼吸是人类无法停止的生命活动，因此，伴随呼吸而生的嗅觉是人们唯一不能停止感受世界的感官，也是利用价值最大的感官。

嗅觉让人们产生了对外部世界的气味认知，并成为记忆符号，长存在脑海之中。不仅如此，人们再次闻到曾经熟悉的气味，便会带来情感性的回忆和联想。

闻到来苏水味，很多人会想起小时候到医院打针时的恐怖情形。随着猪肉需求量的增多，市场上饲料猪越来越多，食无肉味，但是如果闻到烹制好的猪肉香味，就能够唤起大家的记忆，乡村、农家、童年、妈妈的手艺等就会浮现在脑海中。

有两位心理学家——皮特·阿兹和斯蒂芬·杰里尼专门研究气味对人类的感觉、判断和行为在潜意识上的影响，他们把这个现象称为“内隐气味记忆”。研究结果证明了气味对消费者认知及购买某件商品起着重要作用。

另外，一个有趣的实验也证明了气味对人们判断产品价值的影响，两双完全一样的耐克运动鞋分别放在两个相同的房间，一个房间喷洒了花香，而另一个房间没有气味。人们会走进两个房间，然后评估这两双鞋的价值，及对这两双鞋的喜爱程度。所有测试者走出房间后会填写一份问卷，实验结果表明，总人数中的84%更喜欢放在有香味的房间里的那双鞋，同时，认为这双鞋的价格比无香味房间里那双鞋贵10.33美元。

由此可见，气味不仅影响人们对产品的价值认知，也影响人们选购产品的行为，这就叫产品嗅觉的静销力。

街头巷尾的各种小摊充分利用产品的嗅觉静销力，烤红薯和炒板栗的撩人香气、臭豆腐的扑鼻臭味、烧烤的火燎香气，让人无法抵制散发在空气中的香气，促使行人停下脚步来品尝。

在美国，高达86%的消费者认为新车味很吸引人，在欧洲，69%的人也持有这种观点。因此，很多汽车品牌已经从追求车身设计和装备强大引擎扩展为“创造包括嗅觉在内的多感官体验”。

劳斯莱斯的典型案例证实了这一转变。1965年劳斯莱斯银云花费了大量资金打造汽车味道，促使这款香型汽车成为劳斯莱斯在全球奢华轿车的标志性符号。新型汽车上市之初，劳斯莱斯接到了很多客户的抱怨，他们认为新车的质量不如以往，经过调查发现，味道是判断新旧车型的唯一区别。

旧款劳斯莱斯的车内有自然的气味，混合了木头、皮革、亚麻和羊毛的味道。但是随着新一代安全标准和生产技术的普及和运用，更加安全的泡沫和塑料代替了这些过时的材料，劳斯莱斯通过人为的方式制造这种气味。专家对旧款香气进行研究分析，设计出包含了红木、皮革、油脂、汽油、涂料等800种不同元素的配方，重现经典气味。目前，每辆劳斯莱斯出厂之前，这种独特的气味都会被加进座椅下面，以表明劳斯莱斯的纯正性。

与劳斯莱斯的老派经典不同，凯迪拉克推出了包括西柚、甘菊、龙蒿、肉桂的新香型，以迎合品牌“生活、自由、追求”的价值观。

培乐多特意让橡皮泥产品散发出淡淡的水果香味，甜美的气味体现了培乐多安全、健康的品质，也深受小朋友们喜欢。这种气味牢牢地印入他们的脑海中，成为产品和品牌独特的气味记忆。当小朋友长大后，有了自己的孩子，商店里培乐多的气味将开启他们童年的记忆，成为他们为下一代选择的玩具。

美国营销学家马丁·林斯特龙曾与地板清洁剂的公司合作，该公司的清洁剂富含药品，刺鼻的化学气味成为产品销售的瓶颈。为了改善气味，改为了玫瑰香型，然而产品销量下降了27%。马丁·林斯特龙经过调研发现，消费者普遍认为刺鼻的气味恰恰能说明清洁功能强劲，而新的玫瑰香型让他们对改良后的产品功能产生了不信任。

当产品无法给消费者带来直接的嗅觉体验时，可以通过广告、包装、品名、道具等外在方式放大和强化产品的嗅觉体验。

壹号土猪“我很土但我很香”，准确地把握消费者对好肉最直接的嗅觉体验，在终端直接用水煮白肉的方式，让消费者闻到肉香、吃到肉香。当今，有无肉香的嗅觉体验已成为判断肉品品质的最重要的因素。

冲调奶茶通过气味刺激人的感官，首先让嗅觉感官感受奶茶的香味，水倒入奶茶粉里，就会产生浓郁的香气。因此，香飘飘奶茶直接用产品的嗅觉体验为品牌命名，从品牌名称上让消费者产生直观而强烈的产品联想。

喜达屋酒店集团旗下的多间酒店大堂隐藏着喷洒香气的机器，为酒店带来旧书和羊皮纸的气味，营造夹杂书卷气味的氛围，体现了酒店具有历史和文化底蕴的高端定位，以吸引那些追求历史和文化气息的人士。

尽管嗅觉是人们唯一不能关闭的感官，但很多行业和品牌并没有意识到利用嗅觉静销力打造产品价值。在当今视觉体验和听觉体验都呈大爆炸之时，独特而强烈的嗅觉体验也许更容易让消费者对产品价值产生更强烈的印象。

法则十七：产品的味觉静销力

只有能入口的产品，才能具备味觉的静销力，主要是食品或饮料等产品，不过这类产品的首要消费价值就是味道。

如果说视觉、嗅觉体验有助于消费者的首次关注和尝试欲望，那么，产品入口之后能够刺激味觉感官，带来愉悦的快感，就成为决定能否持续购买的关键因素。

通常，味觉感官具有两个维度，一是刺激舌尖味蕾的酸、甜、苦、辣、咸等口味体验；二是通过齿间咀嚼带来的脆、软、硬、韧、滑等口感体验。

打造产品的味觉静销力，主要遵循三个原则：主流化、差异化及先占位。

主流化就是抓大口味，大口味意味着市场体量大，更容易撬动消费者的味觉静销力。

红烧烹饪的菜肴在中国南方和北方都属家常菜，因此，咸香浓郁的红烧味在中国应该是最普及的味道。康师傅靠一碗红烧牛肉面打下了方便面市场的江山，“康师傅红烧牛肉面，就是这个味儿！”康师傅定义了红烧牛肉面的味道，占据了方便面近20%的市场份额，红烧牛肉味口味一直支撑着康师傅在方便面市场的引领位置。

除了咸辣外，酸辣味道也能刺激味蕾，增进食欲，因此，酸辣味道是中国人喜好的另一个主流大口味。

2008年，统一面向全国推出酸辣口味的老坛酸菜面，打破康师傅红烧牛肉面统天下的局面，并让统一在中国的方便面市场竞争中占据大量份额，企业扭亏为盈。据尼尔森的调查数据显示，2013年上半年，康师傅在中国方便面的市场占有率下滑了两个百分点，约为55%，统一则升至16.9%，这两个百分点正是受老坛酸菜的影响。

如今，老坛酸菜占统一方便面整体销售额的55%，其代表的酸辣口味已是中国内地仅次于红烧牛肉的第二大方便面口味。

酸甜味道是饮料的一大主流口味，蒙牛酸酸乳“酸酸甜甜就是我”，用酸甜口味快速征服了青少年。

当主流大口味已被先导品牌定义并占据后，后来者可进行口味分化，为产品制造差异化的味觉体验，毕竟口味不是标准化的东西，在大的偏好中，会有多元的分化，为后来者建立独特的产品味觉体验提供了机会。

小样酸Q糖，在水果橡皮糖里开创了“最酸的糖”的独特口味，把酸甜味水果软糖的“酸”味做到极致，“酸”成为小样水果橡皮糖的独特而强烈的口味价值标签。

思圆魔鬼辣面用世界上最辣的辣椒——印度魔鬼椒进行调味，在香辣系的方便面口味中分化出了“最辣”的口味，专门针对嗜辣人群。

在巧克力市场被欧美大品牌充分占据的情况下，俄罗斯某巧克力品牌不走寻常路，定位休闲巧克力制品，首先从口味上颠覆了传统巧克力制品的甜腻味道，针对喜欢休闲食品多样化味道的年轻族群，带来海盐、芥末、姜汁等全新口味，在巧克力市场开创了差异化的味觉体验，在大品牌竞争的格局中赢得市场份额，建立了独特的产品口味符号。

从口味角度看，传统饮料都以甜、酸甜为主，统一海之言却以淡淡咸味作为饮料的主打口味，突破了传统饮料的口味设计，差异化的清爽清淡的味觉体验，让统一海之言成为近两年饮料市场的明星新品。

味道更具有先入为主的力量，口味偏好及印象一旦形成，就不容易改变。所以在倡导母乳喂养的社会氛围下，仍有一些奶粉品牌在医院针对孕妇展开地下营销，给新妈妈们赠送奶粉，试图让新生婴儿第一口就能喝上自己的产品，以便形成婴儿的味觉记忆和偏好。一旦婴儿们开始喝某种品牌的奶粉，就会排斥其他奶粉品牌，只接受第一次尝试的奶粉品牌。

因此，打造味觉静销，不仅要抓住主流化的大口味，还要进行差异化的创新；不仅要抢先进入消费者的嘴巴，更要力争在消费者的认知层面中抢先进行产品味觉价值的占位，使某种味觉体验成为自身产品的价值符号，进行味道的竞争封锁。

雀巢咖啡进入中国时，“味道好极了”也率先进入中国人的心智认知。至今，中国人还普遍认为速溶咖啡的味道就是雀巢咖啡。

顺滑的口感是巧克力产品的共性味道，但德芙巧克力不断诉求“纵享丝滑”，抢先在认知上牢牢占据了巧克力最显著的味道价值。

“爱你，骨头也不放过”，鸡翅啃的就是骨头，带来消磨时光的磨牙趣味，无穷盐焗鸡翅作为休闲鸡肉制品，在开创盐焗鸡翅的包装产品的同时，在消费者心智中也抢先占据了最有滋味、最有啃头的味道价值。

所以，康师傅的“红烧牛肉面就是这个味儿!”，统一老坛酸菜的“这酸爽，正宗!”都占据了消费者对味道的认知，不仅在竞争中巩固自身的地位，更不断地为消费者带来强大的心理暗示，强化产品的味觉印象。

味道是食品饮料的重要价值元素，即使是六个核桃、红牛、王老吉等以功能价值为导向的食品饮料，也非常重视产品的味道体验。毕竟，食品饮料不是药品，如果不好喝，功能再强大，营养再丰富，也无法让消费者信赖产品品质，并长期购买。

因此，六个核桃在打造产品的味觉静销力时，也下足了功夫，开创“5·3·28”工艺对核桃种皮的涩味及油脂味进行加工处理，不仅保留了核桃的天然风味，也避免了出现杏仁露那种后味略苦的情况，让六个核桃在口感上得到大众接受和喜爱。

法则十八：产品的触觉静销力

触觉是身体皮肤与外部事物接触而产生的体验感受，皮肤是人体面积最大的感受器官，对外部事物的冷热、压力、质感等变化，都能够做出即时反应，从而帮助人们建立对外部事物的认知。

触觉是人类认知外部世界的重要体验感官。幼年的海伦·凯勒失去听觉和视觉后，她的老师安妮·苏利文带她来到水池边，把她的手放在水龙头下面，同时在她的掌心中拼出“W-A-T-E-R”的单词，通过触觉让海伦对水产生了直观而强烈的认知，即水是流动的、冰凉的、抓不住的物体。

在消费者对产品及品牌形成认知的过程中，触感体验也起到了重要的作用。它将影响消费者对产品及品牌的品质判断和喜好感情。因此，产品的触觉体验也会产生销售的驱动力。

在美国，有49%的消费者表示，手握方向盘的触感会成为他们购车的主要考量的因素，因为方向盘手感越好，越容易感受到舒适的驾驶感及新车优质的操控性、安全性。

沃尔玛旗下的英国阿斯达连锁超市非常重视消费者的触感体验，他们把每种品牌的卫生纸分别撕下来，作为样品供消费者体验和比较，这一策略让阿斯达成为最受消费者欢迎的连锁超市，提升了经营效益。

当年保暖内衣市场竞争中，朵彩作为众多保暖内衣品牌中的后起之秀，当御寒保暖、时尚款式等概念都被竞争对手泛滥使用时，朵彩回归人们对内衣的需求本质，诉求“摸一摸，手感真好！”在日常生活中，内衣作为与人体直接接触的物品，让皮肤感受到舒适永远是首要的需求价值。因此，摸起来柔软、细腻、轻盈，让消费者通过手的触感体验来想象和感受穿在身上的感觉。朵彩正是用触感体验式的倡导与人们对好内衣的感受标准产生了认知链接，帮助其在保暖内衣市场异军突起。

拿在手上的分量感，也是评断产品的重要触感标准，对某些产品来说，手感越重，品质也越好。

对汽车来说，车门关起来的力量重感表明了车的品质和档次，手感越重，就越豪华，品质就越好。而经济型车，关门时，手感感觉轻飘飘的。

同样的触感评判标准还适用于遥控器，消费者通常认为，遥控器越重，品质越好，这种偏好使得 B&O 这样奢华的音响大牌要人为地增重遥控器，以保持其“奢华”“顶级”的价值体验。

六个核桃成为长盛不衰的节点礼品箱货，不仅仅在于有益大脑的产品内在价值，一箱 20 罐 240ML 马口铁装产品，提在手上沉甸甸的，分量感也赋予了六个核桃作为礼品的外在价值。

对中国人来说，送礼是有讲究的，礼品拎在手上够沉够重，才显得实实在在，拿得出手，在广大的县级、农村市场更是如此。当年杯装奶茶作为节点礼品风行一时，但很快被代替，因为其箱里装的就是空纸杯，拎在手中毫无分量感，礼品外在价值感不强，这是人们不能坚持选择它作为礼品的原因之一。

在日常生活中，手持用品已经变成生活必备品，其中典型的就是手机。所以，手机行业相当重视产品的触觉体验，相关研究表明，全球35%的消费者认为手机的“感觉”比外观更重要，手感评价成为评价手机的重要因素之一。在产品的手感体验方面，苹果追求极致，纤薄、圆润、顺滑、细腻的手感触摸，充分体现了苹果技术与设计完美结合的高品质感。

当产品自身的触觉体验并不突出和强烈时，可利用广告等符号性的元素来放大产品的触觉体验，在消费者的认知上建立产品的独特触感体验。

比如，在表现床品的柔软时，通常会利用飘飞的羽毛等元素来表现床品的轻柔舒适。而前文所述的朵彩内衣，就是通过“摸一摸，手感真好”的广告语，不断强化其柔软的质感，使消费者建立朵彩内衣舒适柔软的认知。一旦手感好的认知建立，消费者就会带着这种评判去感受朵彩，即使朵彩和其他品牌内衣的实际手感差距并不大，但先入为主的广告宣传还是让消费者认为朵彩的手感最好。

丸美眼霜利用了广告对触觉体验的放大功能，“弹弹弹，弹走鱼尾纹”，通过代言人指尖相弹的动作，把丸美这款弹力蛋白眼霜黏稠的产品特性进行了触感表现，让本来体验感受并不突出的产品特性，用广告夸张化的触感表现，得以放大和强化。强烈的触感体验进而对产品功效起了巨大的暗示作用，让消费者对这款弹力眼霜的魔力深信不疑。正是广告带来的这种弹弹触感，让丸美眼霜一跃成为国产眼霜明星品牌。

当产品特征无法大书特书时，为其设置强烈的触感特点，不失为一条建立价值认知的破局之法。因为，任何产品都要经过手来感知和使用。

法则十九：产品价值要转化成具有可感知性的一句话

产品价值通过眼、耳、鼻、舌、身五种感官进行具象而直接的体验，进而在大脑中建立认知印象和偏好。

在产品的价值体验中，还有抽象于五感体验的另一层维度，即语言。通过语言对产品价值进行描述，与潜在顾客进行意念层面的沟通，对其观念及行为可产生更深层次的影响。

衡量一则广告是否有效，往往看广告内容是否具备两个“一”，即一个产品的中心画面和一句突出重点的广告语。产品的中心画面容易形成视觉符号，让人产生产品的视觉记忆；而突出重点的广告语把产品价值转化为直击人心的语言表达，让人心领神会，不仅容易传播和记忆，更能激发消费需求。这就是产品和品牌通常所追求的有记忆点、有感召力的广告语。

广告语在营销活动中具有纲目作用，它在认知的意念层面传递和塑造着产品或品牌的独特价值，消费者认知心智一旦生成产品或品牌的价值概念，将释放出不可想象的消费驱动和品牌选择驱动。

“钻石恒久远，一颗永流传”，精巧的语言将钻石的永恒不朽比喻为爱情的坚贞不渝，直击恋人们追求永恒爱情的心，钻石由此成为昂贵的爱情见证物，在商业上获得了巨大成功。

“宝宝少生病，妈咪少担心”，合生元的这句广告语击中妈妈们的心扉。让增强宝宝免疫力的产品价值顺利植入了妈妈们的心智中，成为合生元成功引爆了婴童保健食品市场因素之一。

“味道好极了”，雀巢速溶咖啡用这句简单直接的味道描述语言抢先进入了消费者的认知意念中，并深深根植下来，让雀巢咖啡成为速溶咖啡的代名词。而麦斯威尔则失去了速溶咖啡的最佳心智阵地，始终排在雀巢之后。

语言作为思维活动的表达工具，其威力在于能对认知范畴的深层意念产生影响，从而驱使和支配着人们的行为，所谓“良言一句三冬暖，恶语伤人六月寒”。

认知学告诉我们，人对外界事物的认知，通过眼、耳、鼻、舌、身等五种感官建立了具体、形象、直观的外在印象，通过感官获取的信息，最终经过大脑复杂的思维活动，抽象成概念层面的思想意念。语言是其重要的输出工具，用以表情达意，实现思想意念上的沟通交流。

因此，作为核心营销话术的广告语，不是简单地追求技巧上的文字游戏，比如，对仗、押韵、双关等，而应以精准提炼产品或品牌的独特价值为首要考量，让产品或品牌的价值表述顺利进入潜在顾客的认知意念体系，被高度认同及接纳，即“心领神会”，从而对购买行为产生积极影响。

如何让某句话顺利进入潜在顾客的认知意念体系，并引起同频共振，除了表达要简练外，关键在于语言传达的内容要能对潜在顾客产生强烈的可感知性。

基于益脑品类价值，六个核桃输出的战略性沟通语为“经常用脑，多喝六个核桃”。其中，“经常用脑”的语言表述，抓取了潜在顾客的生活常态，用熟悉的场景状态唤起了潜在顾客感同身受的关注，同时将产品及品牌嵌入到这种场景中，形成高度关联。“经常用脑”对熟悉的生活常态进行描述，犹如桥梁，将六个核桃要塑造的品类价值顺利导入了潜在顾客的认知体系中，并由此引发巨大的消费驱动。

同样，王老吉的“怕上火，喝王老吉”；红牛在市场高速发展期提出的“累了、困了喝红牛”，都是通过关联潜在顾客生活常态的语言表述，将品类价值转化成为高感知性的沟通，在认知的意念层面击中了潜在顾客的现实需求。

定位于酿造酱油的厨邦，将其天然酿造的产品价值转化为“晒足 180 天”的语言表述。通过“晒”这一极具画面感的动词和 180 天的量化表述，让消费者对其传统工艺产生了具体而强烈的可感知性，并深深地烙在脑海中。厨邦酱油能在众多酿造酱油品牌中脱颖而出，这句价值转化的广告语发挥了重要的助推作用。

一句好的广告语凝结着对需求的洞察、竞争的考量，蕴含着营销战略指向，所以不要把核心广告语仅仅当作简单的文字游戏，为了传播而传播，追求外在的华丽。

“恒源祥，羊、羊、羊”“大家好才是真的好”等无厘头的语言表述确实能引人关注，但能将独特的品牌价值植入消费者的认知吗？能对其消费驱动产生影响吗？很多时候，宣传这种广告语确实浪费了大量资金。

所以，核心广告语一定是产品或品牌独特价值的表述，同时，要让价值表述具有可感知性，这种广告语才具备拉动市场、推动品类及品牌发展的力量。

法则二十：产品的价值体验要有一致性

俄国著名的寓言故事《天鹅、梭鱼和虾》，讲述了天鹅、梭鱼和虾同拉一辆车的故事。天鹅拼命想把车往云上拉，梭鱼则使劲想把车往水里拖，而虾弓着背铆足劲往后拉着车，三个家伙折腾了半天，车还是停在原地打转，一步也没前进。

其寓意不言而明，要做好一件事，所有的努力要与设定的目标一致。在产品的价值体验设计上，也要遵循同样的道理。

产品价值通过眼、耳、鼻、舌、身、意等六识完成体验，这六识相互影响不可分割，形成产品价值多元、丰满、动态的体验系统。

六识必须形成合力作用于同一个目标价值，持续进行影响和刺激，才能在消费者的心智意念中对产品的独特价值或品牌印象形成清晰而强烈的认知，如果六识体验不一致，很容易让消费者对产品价值产生混乱和碎片化的认知，不仅会浪费巨大的营销费用，并且会阻碍产品的品类化发育和品牌塑造。

假设一瓶补充能量的功能饮料，如果视觉体验运用流行的天然绿色色调，为追求时尚，瓶型苗条精致，请了偶像女星来代言。为了以情动人，电视广告营造出家庭畅饮其乐融融的场景气氛。同时，广铺渠道，在咖啡店、蛋糕店都能看见它，为追热门电视节目，冠名《爸爸在哪里》，最后，消费者清楚它是什么吗？还会认为它是一瓶补充能量的功能饮料吗？相信如果按照上述套路进行产品设计和宣传，不同的人就会有不同的产品印象，但是都不明白具体的产品信息和功能。

这只是假设了一个极端案例，以此说明产品价值体验分裂对产品认知及资源投入造成的极大损害。

在现实产品价值体验设计的操作中，如果没有建立鲜明的产品价值体验一致性观念，很容易造成上述结果。不同指向的价值体验完全肢解了产品应该塑造的价值认知，尽管无论在设计、宣传等方面都投入了大量的资源，就如寓言故事中的天鹅、梭鱼和虾一样，所有的努力和资源都会白白浪费。

恒大冰泉就是案例之一，定位 5 元价格带的高端水，卖的是长白山地下 3000 米的深层矿泉水，好地好水、资源稀缺不可复制。“我们不做地表水的搬运工”，但品牌名“冰泉”分明告诉消费者这是雪山水，而包装上雪山湖泊的视觉体验更加深了这一印象，地下深层矿泉的感觉在哪里？

同时，又掺杂着代言人范冰冰、成龙手捧恒大冰泉，告诉消费者“健康长寿”“美丽永恒”，产品一上市，其价值体验就是分裂的。

在一年的发展历程中，又从“地下深层水”的价值诉求转变为“一处好水供全球”，对外宣称“天天饮用、身体健康”。

更换韩国明星全秀贤、金智贤为新代言人，向消费者传播“饮水、煮饭、泡茶、我只爱你”的产品价值。

俗话说：“有钱就是任性”。恒大冰泉折腾了两年，花费了巨额资金，在业界和消费者心中只留下了土豪形象。如今，恒大冰泉洗尽铅华，拉低了价格，与农夫山泉基本持平，推出了愤怒小鸟装。

虽然恒大冰泉用两年打造了一定的知名度，但与“大自然的搬运工”农夫山泉同处一个竞争市场，广大非恒大球迷的消费者坚持选择恒大冰泉的理由是什么？显然是不清楚的。

从战略层面看，平价水能支撑恒大冰泉高昂的运费吗？除非它不再卖长白山地下水，而改卖地表水进行全国水源布局。

产品价值打造或品牌塑造是漫长的过程，在价值体验的设计上需进行精细化管理，每个环节、每个阶段乃至每个细节都要贯穿一致化的思想，所谓“滴水穿石”，六识体验聚成水滴力量，持续朝一个方向击打，形成叠加力量，终可击穿消费者心智，建立牢固的产品价值认知。

百事可乐自从走上“新一代可乐”之路之后，摆脱了可口可乐的影响，围绕着年轻人的可乐选择进行体验设计。设计出比可口可乐更甜的口感、由微笑演变的标志、流行音乐巨星演绎、主题诉求等，从“年轻、开心喝百事”“改变新的一页”“新一代的选择”“渴望无限快乐”到“突破渴望、敢于第一”，虽然具有阶段性的改变，但是迎合年轻人的宣传目标始终不变，所有体验都一致地体现在“年轻人的可乐”的价值上。

2009年以来，六个核桃实施品类化战略，其益脑的产品价值体验设计随着市场发展进行调整和优化，但其价值指向的一致性非常明确。

六个核桃的包装进行了三次升级，象征智慧的科技蓝在包装上得以强化和完善；在选择代言人的时候，并不采用花瓶式的偶像，而选择知性主持人鲁豫；在选择宣传时段上，开辟高考季作为品类宣导节点；在电视节目冠名资源的选择上，以益智竞赛类节目为目标，比如，《最强大脑》《挑战不可能》《天才想得到》和《学霸是怎样炼成的》等；在深度植入中，寻找节目内容与品类价值的结合点，通过现场主持人的语言，让节目变成品类价值的示范和宣导平台。

即使在公益软营销方面，六个核桃以关联品类价值为导向，选取阅读为永久的公益主题，开展“六个核桃·读书慧”系列公益活动，在产品的品类价值体验上做到了高度一致，为近200亿元的市场源源不断地注入了消费者价值认知和认同的推动力。

六识体验可能不会在一个产品上同时体现，在具体产品上，某些体验会强，某些体验会弱，或有些体验可能根本不存在。但不管强弱，坚持一致化法则，对体验设计进行精细化管理，投注在产品或品牌上的传播费用才能产生最大的效益。

法则二十一：把消费者当成孩子来宣导产品

把产品信息顺利地导入潜在顾客的心智里，与引导孩子认知世界、接受教育一样，内容力求具体、简单、生动、直接，方式上则要因势利导、循循善诱，以此打开顾客认知大门。

那种内容上无需求的价值触点，体验上无生动的感官印象，形式上简单粗暴的空洞说教很难让产品植根于消费者的脑海中。

一方面，因为产品的商业信息属于被动关注类信息，普通人不会主动去搜寻、关注产品商业信息。

电视广告时间，观众就会起身上厕所或拿遥控板换台；网站上出现 Banner 的时候会直接关掉；产品 DM 几乎等同于制造垃圾和废纸；品牌网站如果没有发布促销活动，消费者就不会主动关注网站，几乎就没有浏览量。

商业广告恐怕是最不受人们欢迎的信息了。人们潜意识地认为商业广告不管穿上哪种马甲，目的就是引诱消费者购买商品，因而本能地对商业广告充满了警惕和戒备。

另一方面，相关资料显示，在商品过剩的时代，线下沃尔玛、家乐福旗舰店的 SKU 超过 6 万，线上京东仅日用百货类的 SKU 据称是 10 万级数量，而亚马逊总的 SKU 为 150 万。

海量商品使消费者产生选择困惑，庞杂而混乱的产品信息更对消费者进行着无序又无效地碾压，导致了消费者对广告噪音要么更加麻木，要么更加抵制。这些现象，让产品信息顺利进入消费者心智、并抢占一个相对牢固的位置，变得更具挑战性，不仅要花费大量的资金进行传播造势，也对传播技巧提出了更高要求。

过去的产品宣传运用电视广告、明星效应、营造产品概念等，就能赢得市场竞争。但是那种传统的时代已经过去，产品营销进入了如何真正拨动消费者心弦的高阶段位。

要让产品宣导真正能拨动消费者心弦，就是要把消费者当成孩子来进行产品宣导。

把消费者当成孩子，不是指对他们宣导的产品内容上要幼稚趣萌或形式上装嫩充小的童话模式，而是指产品宣导的内容要具体、生动及简单，方式方法要因势利导、循循善诱，充分调动感官系统。

孩子认知世界、进行学习是从具象到抽象、从简单到复杂的过程，在认知世界之初，感官体验越强烈，承载的信息越容易被孩子们接受，也就越能形成记忆的深刻烙印，以此构建起孩子们对外界事物的认知。

比如，通过一个个苹果来建立孩子们对数字的认知，而非一开始就抽象地教 1、2、3 的阿拉伯数字；而对颜色的认知，通过实物进行辅助图示，天空的颜色叫蓝色，树叶的颜色是绿色等，而非用光学频谱解释颜色原理。通过具体生动的感官体验建立概念，不仅容易理解，而且深刻，不易被忘记。

消费者心理及认知特点如同孩子，在接受信息内容时拒绝复杂、难以理解的概念，拒绝空洞无物的说教，而在形式上他们需要被带入、被引导，特别是产品宣导的广告，消费者并没有兴趣和义务花脑筋和时间去研究为什么或是什么意思。

“做女人挺好”，这种双关语的文字游戏，有多少消费者第一时间听到后就能会意呢？好在传播量够大，当时又没竞品发声，才让该丰胸品牌脱颖而出。

“药材好药才好”，同音叠用的技法，单听这句话就令人费解，非得看字面才能弄懂其意，虽然传播已经进行了很多年，但在内容上人为地设置了信息传播障碍，无形中降低了广告费的性价比。

“畅销全国、行业领导”等概念，对消费者而言，抽象无感。但像福耀玻璃转化为“全球10块车窗玻璃，有7块来自福耀”，量化数字具体有力地标识出了其行业地位。

有些平面海报广告，隐晦的视觉寓意，令人怀疑不是来宣传产品的，而是在玩指令游戏考验消费者智慧。

而成功产品的核心沟通信息设置，比如，六个核桃的“经常用脑，多喝六个核桃”、红牛的“累了、困了喝红牛”、统一老坛酸菜牛肉面的“这酸爽，正宗!”、丸美眼霜的“弹弹弹，弹走鱼尾纹”，农夫山泉的“农夫山泉有点甜”和“大自然的搬运工”、云南白药创可贴的“有药好得更快些”、西麦燕麦的“天天吃，肠胃舒服”、唯品会的“特卖网站”等，在广告语的内容上抓需求的价值触点，这就是广告语的具体化，表述上精准直接，这就是简单明了，让消费者听一次就清楚产品是什么、有什么价值，一击即中目标客户。

目前，互联网技术对产品宣导提供了新方式，与消费者的沟通共融性更强，因而更容易导入场景、因势利导。

自媒体就是很好的宣传方式，比如，某个拥有近百万粉丝的自媒体达人，其微信公众号文章受粉丝追捧，超过10万阅读量。如果推广一个产品，其文章就可以成为一篇高质量软文，让粉丝从头看到尾，不仅不反感，而且还深被与文章主题关联的产品所打动。

例如，咪蒙在其阅读量超过10的文章《我凭什么要相信你》，谈职业素养问题，“只有足够专业的人，才值得信赖”，文末引出京东3C购物节，看到最后，粉丝惊呼“喔，原来是给京东做的广告”，但咪蒙以强烈的个人观点、个性化的表述赢得了粉丝的认同和喜爱，广告语与产品紧密结合，正如网友留言“这植入！棒棒的！”

咪蒙的广告方式，其成功就在于用极具独特风格的文章设置出普通人熟悉的某种生活场景，可吐槽、可煽情、可鸡汤，然后拌上产品信息的佐料，如此天衣无缝，水到渠成，粉丝们当然不反感，而且还深受感动。

所以，在选择过剩的商业环境中进行产品宣导，不要把产品搞得高冷拒世；要俯下身去，用与孩子们沟通的方式，具体、直接、简单、有趣地去和消费者沟通。

第七章

Chapter 7

要义四　终端肉搏

在消费者决定把商品放进购物篮之前，一定要抓住选择商品的最后一次机会。

法则二十二：在终端对消费者展开攻心肉搏战

产品从企业的生产线上下来，经过各渠道被摆放在货架上成为待售卖的商品，此时，营销的长征之路才算走了一半，剩下的则是商品从货架转移到消费者购物货篮的历程。只有彻底占领了消费者的购物篮，产品营销的长征才算结束。然而，营销的后半段路程虽然外在形式上仅仅是货架与货篮之间的距离，但连接着这两点的消费者心路，却是影响认知及选择的重重关山，如果能够跨越过去，便走向了产品畅销、企业盈利的坦途，如果跨越不了，便是折戟沉沙，成为失败品。

因此，如果说从生产线到货架，企业打的主要是攻城中的巷战。那么从货架到货篮的转移，打的则是消费者的攻心战，而且在决定营销胜负的终极战场上，对消费者展开的面对面的攻心肉搏战。

众所周知，攻心战要面对消费者沟壑纵横的脑沟、诡谲多变的心海。要在众多消费者心智领域的最佳位置插上产品或者品牌的旗子，相比营销长征前半段以利益博弈为主、相当于B2B生意模式的攻城攻巷战来说，要复杂得多。从产品构想时的消费者需求洞察到消费者最终将商品放在购物篮中，每个环节都要运筹帷幄，计划着如何能把产品放置在消费者的最佳认知位置上。

在这场贯穿了营销全程的攻心战中，以货架为中心的终端战场是消费者直接面对产品、决定买与不买的终极战场。

不要期望只通过精准的产品定位和轰轰烈烈的广告就能让消费者在购物前的计划清单上列上你的产品名字，然后在终端拿着清单直奔心目中的产品或品牌而去。研究表明，绝大多数时候，消费者购物都属于非计划性购买。

据美国某著名调查机构的分析显示，如果美国消费者在超市平均周购买次数为1.2次，在1986年，消费者在店内进行决策的非计划购买的平均概率为66.1%，在连锁药店的非计划性购买的概率为57.4%。

据日本关西学院大学青木幸弘教授的研究调查表明，如果日本消费者在超市平均周购买次数为3.3次，消费者在超市中的计划购买率仅为11%，而在店内决策的非计划购买率却高达89%。

研究进一步表明，在店内决定的部分中，有10.8%的商品是事先决定了要购买的商品种类，而没有确定所购买的特定品牌；有2.1%的商品品牌是预先决定好的，但是在店内又临时变更为购买其他品牌的却高达76.1%，即占总购买量3/4的商品，全部在店内决定。

研究表明，消费者在店内经常受到商品价格、形状、颜色、包装、香味、活动或在同伴的劝诱，而在无意识中产生购买动机，在以上调查中这部分的比率高达42.1%。

即是说，在终端琳琅满目的商品中，纵使你的产品很好、广告很多，消费者也有印象，但如果产品在终端被淹没在货架上，面对消费者在终端高比例的非计划性冲动购买，商品被错失选择的概率高达50%。尤其食品饮料等低关注度、随机性购买强的快消品，在终端争夺消费者尤为重要。

因而，成功的产品营销不可失之于终端战场，和足球比赛一样，球已经被带到对方门前，在终端与竞争对手争夺消费者，就差临门一脚。

在终端货架的商品海洋中只有抢先抓住消费者的注意力，让产品进入他们的眼中，才能链接并激活经过大量资源投入后，在消费者心智中构建出来的产品认知。

如果失去了抢先进入消费者眼中的机会，也就阻断了与消费者产生心智链接的机会，那么，其结果很可能是消费者购物篮中放的是竞争对手的产品，这意味着前期为建立产品独特价值认知的资源投入没有得到有效转化，是对资源极大的浪费。

可以这么说，在终端战场打得好不一定就能绝对保证产品动销到位，比如，恒大冰泉、蓝枸饮料等，由于受自身价格带及产品的市场发育状况的影响，尽管企业在终端投入了大量资金，动销不畅的问题依然存在，所以畅销的产品一定要在终端做足了工作才能成为终端强者。可口可乐、康师傅、统一、红牛、六个核桃等，都抢占了终端战场的制高点，让产品始终处于终端消费者能充分感受到的最佳体验区，以此对高空等多渠道的传播进行添翼式引流及转化，保证了消费者的高选择率。而那些在终端战场表现虚弱，缺乏终端感染力的产品，一定会动销不畅。

所以，不能以为产品好、定位好、广告多，就能稳稳地让消费者把自己的产品从货架放在购物篮里，终端才是刺刀见红地争夺消费者的战场，唯有此战场成功，二万五千里的产品营销长征才算胜利到达终点。

虚拟终端、虚拟货架的电商时代亦同样如此。

法则二十三：消费者在哪儿，终端就在哪儿

作为消费者最终进行购买的实际场所，终端的布局与设置要以消费者为圆心，从其行为特征出发，做到消费者在哪儿，终端就在哪儿，终端必须跟着用户走。

“消费者在哪儿，终端就在哪儿”，蕴含了终端渠道的精准性及满足消费者便利性的双重价值。

终端渠道的精准性意味着产品只流通到潜在消费者出现的购买场景中，该场景能最大化驱动消费者的购买欲望，确保产品实现快速动销，避免了终端泛化造成企业的资源浪费。

例如，预防孩子上火的金银花露饮料，与王老吉、加多宝等大众清凉饮料的终端截然不同，前者主要是针对成长发育期孩子肠胃娇弱容易引起喝奶粉上火、饮食不均衡上火等问题而设置的产品，购买群主要是父母。所以该产品的渠道终端以婴童店和药店为主，只有在这两个地方，父母才会自动搜寻预防及解决孩子上火问题的产品。父母们绝不会在餐饮店或便利店去给孩子买这类饮料，但餐饮店、便利店及超市却是王老吉、加多宝等作为预防上火的大众清凉饮料的终端销售场所。

红牛在进入中国市场之初，核心消费群为司机，因此高速路加油站是其重要的终端销售场所。目前，红牛作为补充能量的大众饮料，消费群已从司机扩展到容易消耗体力的学生、白领等人群，随着消费者类型的扩大，红牛的终端也逐渐从加油站扩展到超市、便利店。

六个核桃作为有益大脑的植物蛋白营养饮料，以箱货售卖为主，因此终端是批零兼售店、BC 超市和大卖场等，只有在这些地方，消费者才会进行整箱购买，而以消费者单支产品随机购买为主的路边摊、夫妻店则不属于六个核桃的终端类型。

终端渠道的精准性与产品价值属性及消费者的购买习惯密切相关。

在父母心里，孩子的健康问题事关重大，不能随随便便对待。因此，婴童店和药店的专业性给了他们潜在的信任背书，而大众快消终端则给予不了，所以专门预防孩子上火的金银花露要以婴童店和药店为主要终端，因为消费者会经常在那里出现。

六个核桃作为有益大脑的营养性饮料，其价值的感知性不是即时性的，不像口渴了喝瓶装水或茶饮料就能解渴，累了喝红牛就能立刻提神。所以，消费者很少产生单罐购买或随机消费的冲动，只会与牛奶等营养类饮品一样，以整箱购买为主，用以节点走亲访友的礼品，或家庭储备式消费自用。因此，产品价值属性决定了六个核桃的终端以能整箱售卖的批零兼售店、BC店和超市为主。

另一方面，“消费者在哪儿，终端就在哪儿”，也蕴含了满足消费者便利性需求的价值，便利性购买降低了消费者的时间成本和精力成本，促使消费者乐意购买。

在选择多元的商品时代，使绝大部分产品或品牌的可替代性增加了。在餐馆吃辣了，来罐王老吉吧，如果没有，加多宝也行，或没有凉茶，那就可乐吧，这就是实际情况。企业必须要让潜在消费者毫不费力地获得你的产品，让产品出现在潜在消费者经常出现的地方，否则，就把销售机会让给了竞争对手。

食品饮料、日化产品、调味品等日常生活用品对终端满足消费者的便利性需求尤其强烈，因此，这类产品的终端网络不仅要广，而且还要密。

随着社会的进步，科学技术的发展，终端形式和销售手段也发生了变化，让“消费者在哪儿，终端就在哪儿”的概念外延不断扩展。

在过去，消费者发生购物行为的场所，终端常常以店面的形式为主，只要是实体存在的店，就有位置、空间及人员的要求，使得消费者的购买行为受限于时间和空间。比如，加班到凌晨，想吃碗夜宵，一般在半夜难以实现，因为实体店早已关门。

然而现在出现了自动售卖机，它的出现是对“消费者在哪儿，终端就在哪儿”的最好诠释。

对水和饮料等满足即时需求的产品来说，消费者实际上处于移动状态，走到哪里，口渴了，就得买水喝，这个时候产品如果能出现在消费者的眼前，就能获得消费者青睐。但通常受限于店面的空间、位置和运营时间，消费者渴了无法立即解决。比如，在大型百货商场、停车场、闹市区或深夜街头等，这个时候，省地、省空间 24 小时售卖的自动售卖机成为最便利的终端方式，真正实现了随时随地解决口渴的问题。

在日本，自动售卖机的终端模式已经非常普及，在人流聚集地，通常百米以内就有一个自动售卖机，而在国内，只有农夫山泉率先开启自动售卖机的终端模式。

随着电脑、智能手机等信息技术的发展，产生了不同于线下的虚拟网络空间，新生代的消费者习惯在电脑或手机上获取商品信息，科学技术为消费者创造了新的消费空间，消费者在网络上消费成为普遍现象，产品也在网络平台上设置了虚拟终端，蓬勃兴起的电商成为新的终端形式。

自动售卖机和电商移动平台推动了终端逐渐由场所朝场景化发展，即过去消费者要去到某个固定的场所才能进行购买，现在，消费者的消费购买行为已被嵌入到了生活中的某个场景中。

终端的场景化发展，正是“消费者在哪儿，终端就在哪儿”的终极体现。

法则二十四：占领终端最佳位置

曾经有人问李嘉诚，地产经营的成功秘诀是什么，李嘉诚说：“地段、地段、还是地段！”地段决定人口流量和人口类型，也决定了该地的地产价值及未来升值空间。

如果说商品在终端的陈列位置相当于地产的地段概念，那么商品在终端的动销秘诀也是“地段、地段、还是地段！”

研究表明，终端位置对动销起着至关重要的作用，终端位置的改变能带来20%～30%的销量变化，即好的终端位置能使销量提升20%～30%，所以要想提高产品的动销率，就要想尽办法占领终端的最佳位置。

终端的最佳位置，就像房间的窗口，人还没进门，就可以先从窗口看到房间里的物品，具有非常强的抢先展示作用。终端的最佳位置，其价值在于要让进入终端卖场的消费者在商品海洋的包围中一眼就能看见产品，因而终端的最佳位置也可以称之为终端窗口位。

认知心理学表明，人们通常会对第一眼看见的事物留下深刻印象。

1910年，德国行为学家海因罗特在实验中发现，刚出壳的小鹅会本能地跟随在它出生后第一眼看见的活动物体，比如，一只狗、一只猫或一只玩具鹅。一旦小鹅形成了某个物体的跟随反应后，它就不可能再形成对其他物体的跟随反应，即使是面对自己的真正妈妈。并且这种跟随反应是不可逆的，也就是说小鹅只会认第一眼看到的物体，而无视第二。这种现象被另一位德国行为学家洛伦兹称之为“印刻效应”。

印刻效应同样适用于人类的认知行为，人们对第一印象会非常深刻，而对其后的印象逐次减弱。

第一印象作为最先输入认知系统的信息，比后面得到的信息更能牢固而持久地印刻在大脑之中，也会对其他信息产生阻隔和过滤，这就是“先入为主”带来的认知优势。

产品在终端的位，抢的就是“先入为主”的第一眼位置，不管在货架上还是在陈列区，顺着消费者在终端卖场行走的路径，在其目光所到之处，产品要力争占领最容易被其第一眼看到的位置，这是终端制胜的第一步。

三、四线市场的批零兼营、BC 超市等，都是六个核桃的主力销量终端，六个核桃通常会用堆箱形式占据店面门口位置，确保消费者进入店面第一眼看到产品。

然而，对以货架陈列为主的商品来说，与目标消费者视线平行或上下一架位置，都是属于容易被消费者第一眼看到的位置。

相关资料显示，在视线平视位置，商品被购买的概率为50%，在消费者头上和腰间位置，被购买概率为30%，而高于或低于视线之外的位置，被购买概率仅为15%。

终端的最佳位置，除了具有被消费者一眼看到的抢先展示作用外，还具有消费者伸手就能拿得到的便利性，即“触手可及”。

一般而言，除了非买不可的特殊产品，消费者不喜欢跳起来或弯下腰来拿产品，上跳或弯腰意味着他们需要付出一定体力，这是一种令人不舒服的购物体验，在潜意识里会抗拒与排斥，从而大大降低购买率。而触手可及的陈列位置，可以让消费者轻松拿到商品，这种便利性带来的愉悦体验无疑会大大提高购买率。

对终端最佳位置的占领可以通过多点陈列的方式更好地实现，多点陈列打破了只在同品类区陈列的局限，从终端卖场的整体空间和消费者的购买路径及行为出发，设计商品的最佳陈列位置。

比如，在啤酒货架旁设置鸡翅、花生等佐酒食品的陈列，根据品类关联机会，让消费者购买 A 商品时，形成关联的 B 产品能抢先比同品类产品优先进入消费者眼中，获得购买机会。

收银台附近也是多点陈列的触手可及的最佳位置，在等候结账的过程中，无聊的顾客可能顺手就从陈列架上取下商品放在了购物篮里，这个位置不仅是让消费者能轻松拿到商品，还能最大限度的利用消费者等待的空档时间，争取到最后的购买机会。对体积小的休闲食品、生活用品等随机性消费品而言，收银台附近是终端最佳位置的重要组成之一。

然而，不管在对终端管理规范的国际连锁商超，还是操作相对灵活的 BC 超市、批零兼售店，甚至是街边小店，作为优质资源，终端的最佳位置非常有限，甚至稀缺。因此，对终端最佳位置的争夺是企业要打的持久战，这意味着企业该投入的就必须投入，绝对不能轻易失去终端最佳位置的控制权，让竞争对手乘虚而入。

一旦失去最好的阵地，将会对动销产生极大的不良影响，这也是六个核桃、红牛、伊利、加多宝、可口可乐等畅销品牌长期要掌控的资源。即使产品已深入人心，也不会对占领终端最佳位置掉以轻心。因为竞争对手时刻在虎视眈眈地盯着这些优质资源，也因为当今消费者不再迷信品牌，只要不在他们的最佳视线内，就会忽略产品。例如，康师傅方便面对统一老坛酸菜面实行货架封杀，消费者看不见统一老坛酸菜面，转而选择康师傅的老坛酸菜面，统一因此受到极大的冲击，造成了巨大的市场损失。

让消费者一眼就能看见，伸手拿得到，对终端最佳位置的占据，是终端制胜的首要法则。

法则二十五：终端陈列要突出突出再突出

抓住消费者的眼球是产品在终端战场的首要目标，企业要想尽办法使浑身解数争夺消费者的注意力，除了占据终端最佳位置外，产品在终端的陈列效果也至关重要。

无论哪种类型的终端，货架资源毕竟有限，而终端的最佳位置更是一种稀缺资源，如果无法占据终端最佳位置，就要另想办法尽可能地从侧翼赢得争夺终端消费者的注意力。

要让产品在同类产品群中突出突出再突出，在终端陈列是唯一的路径，如果未能占据终端最佳位置，也要通过抢眼突出的产品陈列吸引消费者的注意力。

产品在终端陈列突出的方法有两个，一是“大”，在同类产品区，要让自己的产品看起来是面积占了最大的那一个，二是“奇”，相比同类产品，你的产品陈列看起来与众不同。

“大”的陈列面，不仅吸引眼球，所营造气势感更给人带来产品热销、实力保障的联想。

视觉认知学表明，对处于相同距离、范围、色彩、形状、动态等同一参照系中的物体而言，物体形态面积越大，越容易被人们注意到。

眼睛通过光来感知外部世界，每一个物体的表面由无数的发光点或反光点组成，这些点发出辐散形的光线经过眼角膜和房水，由瞳孔进入眼球内部，最后聚焦在视网膜上形成物像。对相同距离、范围、色彩、形状、动态等同一参照系的物体来说，面积越大，其表面的发光点或反光点越多，发出的辐散性光线范围越大，就越容易刺激眼睛，一般来说，面积大的物体更容易优先进入人的视线当中。

比如，停在同一个地方的两辆同色系同款的车，人们首先注意到的一定是大车；盘子里的两个红苹果，小朋友肯定会首先选大的；两个装束相似的同性人，形体看起来大的肯定更引人注目。

同时，视觉心理学认为，从人的心理感受层面看，面积大的物体会让人产生强大的力量感，这种力量感能给人带来强烈的反应，因为大的物体通常与人的安全感紧密相关。

有些时候，大的物体会直接让人产生安全感。比如，房屋空间面积大，不仅住起来感觉舒适宽敞，而且从深层次看，人所能占据的领地范围大，这种潜意识的领地意识让拥有大空间的人更有安全感。同样，对轿车来说，大车比小车让人感觉更沉稳更安全。但某些时候，大的物体是强烈的危险警示，比如，体型巨大的猛兽会让人提高防卫意识。

由此可见，从人的心理认知角度来看，由于“大”的物体对人的安全心理刺激更加强烈，人们普遍崇尚“大”的东西，人们也就更容易关注“大”的物体。所以，在终端陈列中就要力求让你的产品陈列面积在同类产品群中看起来比较大，通过产品展示面积的优势，抢夺消费者的眼球，夺取消费者的注意力。

如何让产品展示面积最大化？一是花钱买货架数，需要企业进行大量资金投入，对企业的资金要求非常高；二是让产品的包装体积尽可能地大，突出于同类产品，在等量货架数的情况下，产品陈列的视觉面积就变大了。

西麦燕麦率先使用大规格包装，让产品陈列看起来面积变大了，在终端脱颖而出。

六个核桃在终端以堆箱陈列为主，而箱体面积大，经过堆放陈列，产品的整个展示面积优势尽显，非常抓人眼球。

一些礼品性产品，更是在包装的“大”上做足文章。通过内托架撑大包装，让产品在货架上看起来更大气、更有档次，拎在手中或送亲朋友，感觉更有面子。

“奇”是让产品在终端陈列中突出的另一个路径，即通过与众不同的陈列方式，让你的产品在同类产品群中脱颖而出。

认知学表明，人们容易对常见的事物熟视无睹，因此，与常规形成反差的事物因为打破常规而产生的冲突性更容易让人深刻印象。比如，在平均身高普遍较高的人群中，人们会首先关注到矮个子的人；在红苹果中，唯一的青苹果会抢先进入人们的视线；在圆形图案群中，唯一的方形图会最显眼。

同样，在终端陈列中，如果你的产品陈列打破了常规，看起来与众不同，也是吸引消费者注意力的有效方式。这种新奇的与众不同的陈列方式，一方面可以通过包装形式的创新来实现，另一方面，也可以通过陈列方式的创新来实现。

溜溜梅梅子形状的异形包装，与传统蜜饯果脯包装截然不同，在终端陈列中，梅子形的溜溜梅包装形成了与众不同的产品陈列展示，在众多的蜜饯果铺产品抓住了新一代消费者的注意力。

洽洽瓜子的马粪纸铝膜包装，让其在传统炒货透明塑料袋包装的陈列中脱颖而出。

在独特的陈列方式中，资金雄厚的玛氏卖断货架，把货架布置为“玛氏巧克力小镇”，不仅抢占了面积优势，也突出了与众不同的创新陈列。

相比货架，堆头陈列的创新差异具有比较大的操作空间，比如，西麦的“西澳阳光燕麦庄园”，把终端堆头设计为澳洲庄园的场景，而规格则是“健康体验中心”概念。

总之，终端作为争夺消费者关键的最后阵地，如果资源充足，就要努力争夺最好的位置、占取最大的陈列面积，如果资源缺乏，就要突出陈列的独特性，让终端陈列突出突出再突出，总有一种方式让你的产品能够实现对终端消费者注意力的拦截。

第八章

Chapter 8

要义五　建立壁垒

产品要占据最佳竞争位置、持续投入资金、优化销售渠道、建立壁垒、保持市场竞争优势。

法则二十六：持续宣导建立认知

对产品价值的宣导要天天讲、月月讲、年年讲，即是对产品价值的宣导要有持续性，才能在潜在顾客心智中真正建立牢固的产品认知。

“经常用脑，多喝六个核桃”，从 2009 年讲到现在已持续 7 年，还将继续讲下去。

“怕上火，喝王老吉”，从 2004 年持续讲到现在，即便这两年与加多宝展开了抢夺正宗凉茶领导地位之战，但这句富含产品价值宣导的广告语作为重要的品牌资产，王老吉通过法律途径确定为专属，正宗战中也坚持不懈地进行宣导。

德芙巧克力多年来持续宣导其“丝滑感受”的产品价值体验。

“今年过节不收礼，收礼只收脑白金”，这句话也讲了近十年。

上述品牌产品，如果进行大众认知测试，不能确定所有人都知道，但是知道的消费者就可能不能一字不差的背出广告语，而且肯定都能精准地描述产品价值。

正如六个核桃就是对脑有好处的饮料，王老吉是预防上火的凉茶，德芙就是吃起来像丝绸一样滑的巧克力，脑白金就是送礼的保健品。

这就是持续宣导产品独特价值所产生的效果，多年来，这些品牌就在大众面前反复地、持续地宣导产品价值，一步一步地把产品独特价值植根于消费者的脑海里。

认知心理学认为，记忆作为认知活动的重要环节，一般分为“识记”“保持”和“重现”三个阶段。

“识记”通过感觉器官把外界信息留在大脑里；“保持”进一步地将识记下来的信息，在大脑里实现短期或长期地留存，使其暂时不被遗忘或长久不被遗忘；而“重现”则指在人们需要时，能把已标记过的信息从大脑里重新分辨并提取出来。

记忆的三个阶段相互关联、互为作用。显然，要保持信息记忆及实现信息重现，需要持续不断地用信息来刺激大脑，只有反复刺激，才能形成深刻的记忆印痕，从而对行为产生影响。巴甫洛夫条件反射实验，证明了持续和反复的信息刺激对行为产生的影响和重要性。

在商业营销中，消费者对产品的认知决定了其消费态度，产品只有建立了牢固的消费者认知，才有可能成为他们的主动重复地购买选择，品牌才能掌控市场。因此，让潜在顾客建立产品认知，对产品形成长久记忆，实现记忆重现是企业毕生追求的营销目标。

不幸的是，对商业信息，消费者始终暗藏排斥之心，他们几乎不会主动关注广告，更不会对广告形成主动记忆。因此，企业主们对其产品价值的宣导要有水滴石穿的精神，持续不断地对大众进行宣导和影响，用最笨的念经法反复刺激大众的记忆，借用一个不恰当的比喻："谎言讲 1000 遍也会成为真理"，产品的广告持续播出 1000 遍，自然会在消费者大脑里留下印痕。

为了达到最大化的叠加效应，不仅要持续念经，还要持续念一种经。

很多人担心长久地用一种"经"影响消费者，会失去信息的新鲜感而让人厌烦。因此，两三年就会更换传播口号，以追求信息的新鲜度来换取消费者的关注兴趣。这是极其危险的观念，在打造产品影响力过程中，恐怕会对资金成本和时间成本造成极大浪费。

一方面，对本来就处于被动接受广告信息的消费者来说，如风过隙的泛泛宣导削弱了信息刺激的时间力度，很难达到记忆的保持阶段，更难达到记忆的最高阶段，即信息重现阶段。

另一方面，潜在顾客群永远处于变动状态，即新的消费者会不断地加进来，对产品同一价值的持续宣导也将会影响新消费群。

脑白金的广告念了十多年，被评为最恶俗的广告之一，但这并不妨碍它在大众脑海里已成功建立了保健礼品第一联想的牢固认知，并稳居同类产品市场销量的首位。

当竞争环境或产品发展阶段发生变化时，产品价值的具体宣导内容才可能发生变化，这时候需要换一本经来念。

比如，红牛从“累了、困了喝红牛”到现在的“你的能量超乎你想象”。遵循能量饮料的基因，红牛从理性宣导上升到感性宣导的层面，这是红牛作为功能饮料的绝对领导者后的自我升级，为产品价值拓宽了诠释及体验的空间。

如果将来六个核桃的竞争环境和产品发展阶段发生了重大变化，也会改变产品宣导内容，也要换一本经来念。

但任何产品价值宣导策略的改变，都意味着要进行更多的资源投入，重新在消费者大脑中建立新认知，因此，需要谨慎。

香飘飘从“奶茶，就要香飘飘”的占位到“绕地球一圈的领导者”，再到“小困小饿喝香飘飘”，产品价值演变到最后有点着急，基本上属于重新圈地建立认知，认知宣导的资源投入要比前两个阶段大得多。

但是，要让消费者建立起产品的认知价值，就必须投入资源进行持续宣导，那些两三年就更换互不关联的广告内容，或时断时续的宣导，都是浪费资源的低效营销行为。

法则二十七：推广活动俘获消费者的心

从字面上看，“推广”就是“推而广之”，“推”是利用各种手段和途径，把产品或品牌信息传递给潜在消费者，让产品或品牌信息尽可能广泛地被大众所了解。

大脑决定行动，产品只有先在潜在消费者的大脑里占了位置，产生了印记，才有可能进入消费者的购买选项中。否则，消费行为就不可能发生，没有人会去购买一个自己完全不知道、不了解的产品。

因此，向潜在消费者传达产品或品牌信息的推广活动是把产品变为畅销用品的必需动作。

但是，对潜在消费者进行产品或品牌信息的传达存在两个障碍。

一是人们普遍存在着的心理，即认为出售产品信息不仅不会带来现实收益，反而是让自己把兜里的钱拿出来的伎俩。因此，人们对商业信息普遍的态度是防御性的，大多数属于被动接受，人们不会像欣赏能获得精神养分的艺术作品那样主动欣赏一则商品推广的信息。

二是身处海量信息的包围中，人们更无暇关注到几乎处于信息接收尾端的商品推广信息，尤其是信息社会网络技术的推动，资讯信息全球化、海量化、碎片化。在信息化社会，人们获取资讯的方式和途径更加方便、快捷的同时，信息阈值却越来越高，在如此纷繁嘈杂的信息环境中，增加了商品信息传播的难度。

社会环境的变化，导致商品推广的难度进一步加大。化解难度的根本办法在于，在深刻理解推广本质的基础上树立正确的推广观，即推广不是从商品出发让消费者感受商品信息的单向流动，而是以消费者为中心，感受消费者与商品之间的双向信息流动。

换句话说，推广是基于潜在消费者的需求才与他们沟通，不管是内容还是方式，积极有效地把产品或品牌信息纳入潜在消费者易于接受的轨道范式中，从而打动潜在消费者的心。让产品或品牌信息润物细无声地融入他们的大脑中，形成消费前奏的引导，一旦时机成熟，就能立刻激活大脑中已存留的产品或品牌信息。

产品信息要纳入潜在消费者易于接受的轨道，内容上就要从其需求痛点出发，抓住能够让他们感同身受的点，进行产品价值的推广。

“经常用脑，多喝六个核桃”，不是自话自说地让消费者在接收产品信息时，产品益脑联想，而是关联到目标消费者的生活常态，提醒消费者在“经常用脑”的状态下，要喝六个核桃。

“孩子少生病，妈妈少担心”，切中天下妈妈们对孩子健康的关注点，让合生元顺利纳入了目标消费者的接受轨道。

而在形式上要寻找到潜在消费者最易理解和感兴趣的场景、方式进行沟通传播。

六个核桃与拼脑高考季关联进行品类价值的示范及推广，

对《最强大脑》等热门脑力竞赛类节目进行冠名植入，持续对其产品价值进行认知引导及强化。

可口可乐也从形式上与当下年轻人随性自由的表达方式一拍即合，陆续推出昵称瓶、台词瓶产品与消费者沟通。

特别要强调的是，尽管推广的终极目标是让产品顺利变成畅销品，但推广与促销属于两种不同侧重的概念。

促销以达成现实销售为目标，而推广则以影响和建立潜在消费者对产品的认知、引导需求为主。如果促销是达成交易的短跑，那么，推广则是一场攻心的马拉松，不会立竿见影地转化为消费者的购买行为，但却能在错综复杂的产品竞争跑道中，引导潜在消费者逐步对产品感兴趣，促成他们习惯性购买的行为，让产品在竞争中最终胜出。

因此，推广不以销量作为主要的价值衡量标准，而应以对潜在消费者的影响深度及广度为考量点。

比如，电视广告的推广，潜在消费者在电视上看到了产品推广信息，几乎不会立刻就跑到终端去购买，销售的直接转换率不高，其价值衡量是基于收视人群的广度、精准度、千人到达成本等指标，及潜在消费者对产品认知度的提升程度。

电视广告和其他形式的推广一样，比如，公关、DM、路演等，目的是网罗尽可能多的潜在消费者，引导他们进入你的产品赛道，把产品的种子广撒在他们心中，不断地给予阳光雨露，不断地耕耘培植，把潜在消费者源源不断地转为现实消费者。

这是有序的、系统的工作。在时间维度上，通过长期地、持续地沟通引导才能产生量变效果，从而形成销售的最大驱动。

从2009年开启品类战略以来，六个核桃对有益大脑的产品价值持续进行电视广告、电台广播、路演、终端、节目冠名植入、公益、公关等推广传播，根据市场发展阶段及环境进行具体诉求内容的调整，为市场份额的持续增长保驾护航。目前，六个核桃的推广投入累积超过20亿元，培育了近200亿元的市场规模。

世界快消品的教科书级品牌可口可乐告诉我们，有多长的市场生命就要有多长的推广行为，其130年的历史也是130年的推广史。

在空间维度上，推广则要尽力追求无缝对接，尽可能地在潜在消费者的产品触点或信息触点上进行无缝推广，形成以潜在消费者生活场景为圆心的信息密织。

例如，可口可乐的昵称瓶，如果一个大学生起床通过手机或电脑打开社交网站，弹出可口可乐的昵称瓶话题，那么朋友们可能都在谈论可口可乐的新奇举动；中午去食堂，沿路看到路口灯箱上贴着可口可乐昵称瓶的广告；傍晚路过学校便利店，在门口看到可口可乐昵称瓶的招贴，进去买瓶标有自己喜欢的昵称的可口可乐，回到宿舍，发到自己的社交网站上，和朋友们进行互动。

推广需要投入大量的资源，对很多企业来说，无缝推广是一种理想的推广模式。在现实中，企业并没有足够的资源进行无缝推广，推广活动也不可能如此精细和透彻。

但是，企业可以做到的是具备长远的战略目光，把推广作为对潜在消费者的一种投资，选准投资内容、选准投资途径，量力而行，持续投入，终究会获得巨大的市场回报。

法则二十八：用价格标尺卡准产品位置

在构建产品营销体系时，定价是相当重要的环节，制定价格带具有双重意义，既决定了产品价值输出流程中各环节的利益分配，又影响着潜在顾客对产品直观的价值归位。

一杯普通酸奶2.5元，而卡士定价4.5元，消费者的大脑中立刻会形成便宜酸奶与贵价酸奶两个阵营。

产品价值输出流程中各环节的利益分配取决于企业与上游原材料供应商、下游经销商、二批商、终端等价值链条上各生意伙伴之间的博弈，以实现企业利润最大化为出发点，属于生意范畴的考量。

而潜在顾客对产品直观的价值归位，则是通过价格让消费者直接对产品进行价值判断，即定什么价，消费者就会把产品卡在什么认知位置，以获取产品的最佳认知位置为出发点，属于竞争战略范畴的考量。

因此，产品定价通常存在两种模式。

第一，着眼于保障企业现实利益的顺推模式，以企业的期望盈利值为基准，在掂量自身博弈资本的基础上，加上营销费用及下游各通路环节的利润点，最终推导出市场价格。

这种定价模式从企业利润出发，最终价格推导出哪就定在哪，很少从竞争角度、消费者的认知角度来考虑价格的市场位置，本质上是企业由内到外营销观念下的本位主义定价法。

其优势在于不管市场将来做得如何，企业盈利的安全保险绳已经设定完成。弊端则是由于缺乏竞争和消费者的思考维度，这种由内到外的定价在市场上操作起来非常被动。

目前市场上的卤蛋终端主流价格为 1 元，某企业采用顺推法对其新上市的卤蛋产品进行定价，出厂价含营销费用在内就定在一个卤蛋 1.3 元，通路加价后一个卤蛋的市场价为 2 元，比主流价格高出一倍。

如此定价，企业是保证了收益，但为此也意味着要花更多的资金在卤蛋市场说服消费者改变 1 元卤蛋的购买习惯，转而购买价格更高的卤蛋，以此构建出消费者普遍接受新的价格带。

而构建新价格带是一项耐力赛，如果企业预算不足，新的价格带难以建立，消费者始终不会选择高价商品，企业预设的获利最终将是“镜中花，水中月”。

第二，着眼于市场竞争的倒推模式，从企业竞争战略和资源出发，以市场同类产品的现有价格带为坐标，来决定其价格策略是开创还是跟随。

只要战略明确，定价方向就明确了，再往回推导出通路毛利、营销费用及企业毛利，形成最终的价格体系。

市场竞争导向的定价模式，在本质上是以消费者的价值认知为考量源点的一种由外到内的营销观念。

价格作为影响购买行为的重要因素，消费者通常对其都存在潜意识的判断标准，即以同类主流产品或品牌的价格为标杆进行对比。

换句话说，价格决定了消费者对产品的认知位置判定。在定价时，要充分考虑你的产品处于消费者对该类产品的价值认知范围的哪个位置。

在一般情况下，跟随性定价位于消费者熟悉的产品价格带，而开创性定价则超出了消费者熟悉的经验判断范围。

在瓶装水市场，1 元水和 2 元水长期占据了瓶装水价格带的主流位置，进入瓶装水市场的新产品更多采取的是跟随策略，即将价格定在 1 ~ 2 元，以进入消费者熟悉的价格进一步降低新品牌和新产品的风险。

而昆仑山采取开创性定价，开辟了 5 元价格带的高端水市场，昆仑山为超出消费者经验认知的价格带不断投入资源进行引导和耕耘。

目前，尽管 5 元水的市场份额较小，但这个价格带已基本形成，市场上分化出了低档水、大众水和高档水的认知。而且昆仑山已牢牢占据了 5 元水的价格带。

随着水污染的日趋严重，人们不断提高对饮用水的健康安全意识，昆仑山引领的 5 元价格带水迟早也将成为大众熟悉的主流瓶装水。

市场竞争为导向的产品定价倒推模式以消费者的价值认知为出发点，优势在于能够明确产品所处的市场位置，因而利于企业进行市场导向的利益配置和布局，市场操作更具方向性和主导性。

六个核桃进入市场时，采取倒推模式的价格跟随策略，和杏仁露等植物蛋白饮料同处于同一价格区间，进入消费者熟悉的价格带，让消费者把核桃乳和当时畅销的杏仁露价值等同起来，让产品快速导入市场，站稳了脚跟。

一般而言，倒推定价模式对市场发展更具长远性考量，以潜在顾客对价格的认知度和接受度为圆点来确定产品的价格位置，这种着眼消费者的营销思维不同于顺推模式，即着眼企业获利的本位思维，毕竟有了消费者才有市场，市场发展了，企业才能长期而稳固地获利。

两种定价模式各有其长短。很多时候，产品定价会进行综合考量，关键在于企业对自身资源、竞争企图综合考量的取舍和平衡。

归根结底，为产品定价，就是要充分考虑消费者如何看待产品，把产品放在什么样的位置。因此，用价格的标尺卡准产品位置，通过价格为产品定准市场竞争的最佳位置。

法则二十九：永远要让消费者觉得物超所值

有一句名言："消费者喜欢的不是便宜货，而是喜欢占便宜"，与之呼应的俗语是"便宜没好货"。

趋利避害是人性所致，谁也不愿意购买低于价值预期的产品，人们都期望获得的永远比付出的要多、要好。

因此小米在对外传播时，并不会宣称小米是最便宜的国产智能手机，而在便宜的价格上添加了类似精神安慰剂的附加价值，诸如为“技术发烧友而生”“用户参与”“国货”“情怀”等，让小米用户觉得只付出苹果手机三分之一的价格，也能收获到不错的手机功能和不掉价的体面。

价格低廉的凡客诚品使用韩寒、王洛丹等代言人发表“我是凡客”的宣言，强大的气场把低价服装显得有型又有范，让消费者觉得买的不是便宜的衣服，而是追求平凡、超然于世的态度，即使把凡客标志显露出来，也不会露怯，因为凡客不是便宜货，而是有内涵有态度的潮服。

在新的《食品安全国家标准包装饮用水》颁布前，康师傅的1元水被称为“矿物质水”，通过添加矿物质，宣称“多一点健康”，让消费者觉得买1元钱的水，还“多一点健康”，喝的也不是自来水，还觉得超值，为此，康师傅矿物质水成为1元水长期的热销霸主。

即使是街上用大喇叭喊的各种甩货，也会通过营造租期满搬迁、跳楼甩货的气氛，让路人觉得这是趁机捡漏的好机会。

所以营销不仅要定出产品价格，还要让消费者觉得这个价格值，才能让他们甘心情愿地购买，在明码实价的价格后面，通过高段位的营销手法打造产品价值感。其中的准则是，永远要让消费者对产品的价值预期及判断高于价码上的数字，让他们觉得物超所值。反之，一旦消费者对产品的价值预判低于价格，就等于产品被判了死刑，陷于万劫不复之地了。

随着智能手机的普及，越来越多的品牌为消费者提供了更多的选择，同时也影响着他们对智能手机价值判断的变化。在新的价值参照系下，舍弃了技术研发、外形设计靠模仿、生产环节靠外包、以此获得低成本运营的小米，2016 年第一季度销量已呈负增长，伴随而来的是负面评价和消极舆论。因为消费者对其价值预判已直线下落，小米的营销策略以难已再奏效。

在瓶装的市场竞争中，康师傅矿物质水被还原为添加矿物质的城市自来水，对身体健康并无多大意义，直接对消费者的价值期望带来了负面影响，导致了瓶装水的消费升级，2 元价格带的矿泉水成为主流，1 元水真正沦为没有未来的低档低质水。

让消费者对产品的价值期望和判断高于实际价格。不管产品位处哪个价格带，都必须遵循这个准则。换句话说，消费者心里只有值不值的价值判断，如果认为不值的产品，价格再低廉，也会被认为掏钱买不划算，而认为值的产品，价格再贵，也会认为物有所值。

而消费者判断产品值不值的这把秤，一方面来源于经验认知，另一方面来源于同类产品的参照坐标。

作为植物蛋白饮料的后来者，六个核桃采取了与露露处于同一价格带的定价策略，一罐六个核桃终端价一般是 3.5 元，与露露的价格一样。刚进入市场时，尽管核桃乳是新产品，但在消费者看来，核桃与杏仁同属价格和价值都是比较高的坚果，因此，核桃乳卖到杏仁露的价是被消费者认同及接受的，六个核桃在价格方面借势顺利跳过了新产品的入市障碍。随着益脑价值的明确及深入，六个核桃的市场价格更加坚挺，即使进行过涨价性调价，依然能被消费者接受。

而同属植物蛋白饮料的南方黑芝麻乳，250ML 罐的市场定价在 5 元左右，比核桃乳和杏仁露高出一个档次。根据消费者的购买经验，芝麻价值低于核桃和杏仁，在六个核桃与露露的价格参照下，黑芝麻乳的价格凭什么比核桃乳和杏仁露高呢？如何说服消费者，建立黑芝麻乳的高价信任状，让消费者真正觉得物超所值，对南方黑芝麻来说，这是一个巨大的挑战，而正是这一点，制约了黑芝麻乳的快速动销。

开创类的新产品，通常也会开创出新的价格带。尽管市场没有给消费者直接的参照坐标，但消费者依然会依据自己的经验认知来判断值不值。

310ML 马口铁包装的蓝枸饮料，定价为一罐 8 元，蓝莓和枸杞固然都是价格比较高的植物果实，但从饮料大类看，远超最贵的红牛功能饮料。同时，蓝枸饮料诉求的护眼价值还没有被消费者充分认同，价值认知的教育是漫长的，各种因素的叠加和作用，消费者会觉得蓝枸饮料价值远低于 8 元。

把饮料从 2 元价格带成功升级到 4 ~ 5 元价格带的小茗同学和海之言，在休闲饮料类别中，价格还是在消费者可接受的范围内，同时，创新口感及高颜值包装让追求个性的新生代消费者认为值得并为之买单。

在产品价格背后，企业唯一要做的就是不断地告诉消费者，你的产品值得他们拥有。这不是简单地推广活动，而是涵盖了眼、耳、鼻、舌、身、意等方方面面的价值体验系统工程。企业需要记住的是，价值的评判尺度并不在企业手里，而是在消费者的心中。

法则三十：把资源的聚光灯打在一个产品上

五根手指只有握成拳头，才具有强劲的打击力量；涓涓细流汇成江河，才有惊涛拍岸的气势；温暖的阳光通过凹镜焦点，才能聚合形成燃点。

聚焦目标、聚合资源，作为竞争制胜的重要法则，通行于包括商业战场在内的任何存在竞争的领域。

企业把产品打造为商品再推动成为畅销品的过程，即是充满商业竞争的过程，在这个过程中，聚焦目标、聚合资源，是企业必须长期坚持的战略法则。

聚焦目标，就是要把产品打造为同类产品的领先代表，占据最大市场份额，实现销量领先，建立长期的竞争优势。

只有成为第一，占领品类制高点，才能赢得领先者应有的地位和市场红利。这种依靠某种强大市场力的单一产品来实现企业盈利及建立竞争优势的模式，称为大单品战略，这是所有企业在营销竞争中获得成功的战略选择。

六个核桃从植物蛋白饮料的跟随者到反超者，把核桃乳做成了大单品，近 200 亿元的销量已领先于其他植物蛋白饮料产品，并推动着植物蛋白饮料行业的发展。

红烧牛肉面让康师傅成为方便面市场的领先者，在其带动下，康师傅在方便面市场赢取了 40% 的市场份额，而冰红茶让其占领了茶饮料的制高点，赢取了 25% 的市场份额。

达利园让西式糕点蛋黄派成为大众代餐食品，在中国广大城乡市场抢占了蛋黄派的最大市场份额，蛋黄派成就了达利食品，使达利园率先从福建食品圈中脱颖而出，成为标杆企业。

美即面膜占领了面贴膜市场的制高点，在强势品牌林立的美容日化领域开辟出了自己的天地。

在占领制高点、成为第一的目标下，产品的选择变得尤为重要，须从市场潜量、竞争状况和资源能力三个维度进行考量。

市场潜量是对市场规模的预估，建立在需求洞察的基础上。需求的大小决定市场潜量，也决定产品的战略价值，需求越广泛、越强烈，市场潜量越大，产品成为第一的价值感和意义也越强。因为大池塘能蓄纳更多的能量，使其比小池塘更有抗风险的能力。大需求、强需求，是选择战略产品的第一考量要素。

现代社会是脑力竞争的社会，人们对脑力和智力的关注度极大地提高，伴随而来的是对益脑食品的广泛需求。正是切中这个潜在大需求，六个核桃才能打败杏仁露、椰汁等传统植物蛋白饮料作为地方风味性饮料，打破销量长期徘徊于20亿元的市场局限，拓展了近200亿元的市场体量。

红烧牛肉面是在中国东西南北中都能被普遍接受的大众口味，奠定了康师傅占据方便面市场近半份额的地位，而其竞争对手统一方便面直到寻找到了中国人的另一个大口味，即酸辣味道，推出老坛酸菜牛肉面，才终于摆脱长期跟随落后的市场局面，与康师傅形成了两强对垒。

竞争状况是选择战略产品的第二考量要素，即要考虑潜在消费者的需求是否已被竞争对手充分满足。只要满足需求的产品价值还没有被竞争对手占据，且竞争对手弱于自己，才是理想的竞争状况，换句话说，市场空白是最好的机会。这个时候，市场动作一定要快。

大寨核桃露早于六个核桃推出核桃饮品，但大寨没有洞察出大众潜在的益脑需求，并没有塑造出产品的独特价值，其市场操作和营销观念都弱于六个核桃，核桃饮品的开创者为六个核桃留足了占领产品制高点、成为第一的机会。

选择战略性产品的最后一个考量维度是企业的资源能力，如果目标确定，要对企业资源进行盘点和运筹，以保证目标能够快速实现。当目标确定以后，不管企业拥有多少资源，为了抢占品类的制高点，必须集中企业资源能力，向同一个目标发力，集中优势资源打造战略产品，这是大单品战略的重要观念。

小企业资源薄弱，打造战略产品更需要聚焦资源。要着眼于战略产品，一旦战略产品在市场取得成效，其资源就会如滚雪球一样不断壮大，再反哺于战略产品，形成产品与资源的良性循环。

生存期的六个核桃除了核桃乳外，还有茶饮料、苹果醋、八宝粥等十多种产品。在确定核桃乳为战略产品后，六个核桃把有限的人、财、物以至所有资源全部投入核桃乳，对核桃乳进行产、供、销资源的最优配置，为核桃乳大单品战略的顺利实施提供了保障。

目前，尽管六个核桃已成为植物蛋白饮料市场的第一大单品，但市场尚未饱和，产品衰退期还未到来，因此，六个核桃依然需要聚焦核桃乳，聚合资源，深度开发核桃乳市场。

与生存期不同，六个核桃聚合各种顶级资源，比如，引进世界一流的生产线、购买最强势的传播资源、占据终端制高点等，以此构筑防御性的竞争门槛，保持竞争优势。

不仅小企业要聚合资源，实力雄厚的大企业在打造战略产品时，也要遵循这个法则。统一推出老坛酸菜面时，为这个将担负起统一翻身的产品聚合了产、供、销的各路优势资源，从采购、生产、货架、广告投入到业务员的考核，全力打造老坛酸菜为目标，打了一场漂亮的翻身仗。

聚焦目标，聚合资源，把资源的聚光打在一个产品上，对很多企业来说，面临的是产品取舍的问题。

道理说起来很简单，但在现实中，取舍却不易，企业总觉得鸡肋产品也有希望，舍不得丢弃，却也没有更多的资源去扶持，企业被众多前景暗淡的产品分散了精力，陷入产品越多、则越弱、盈利越难的困境。推老坛酸菜时，统一在全国有 300 多个 SKU 的方便面，却没有一个与康师傅抗衡的单品，而被拖入了谷底。革新之后，SKU 只保留 3 个，却推出了力挽狂澜的老坛酸菜面，起死回生。

企业的格局与取舍，决定了输赢。

法则三十一：不做短命的潮流产品

潮流的东西总是来得快也去得快，流行的长腿欧巴还没有从视线里消失，都教授就已经成为全民偶像了；去年一字眉还是美女标配，今年又转柳叶眉了；去年热捧复古奢华风，今朝巴黎又吹街头嘻哈风等。潮流始终是时尚界的法宝，然而，对柴米油盐、食品饮料、洗涤护肤等非时尚类的民生产品来说，却极有可能意味着那是一场短命产品的噩梦。

跨界概念流行的时候，娃哈哈的产品开发紧追潮流，运用跨界概念，推出似酒非酒、似茶非茶的啤儿茶爽，宣称“萃取天然新鲜绿茶和乌龙茶，融合优质的香浓麦芽，够潮够 IN！”并投入大量资金开拓全国市场，“上课还喝啤酒？你 OUT 了！”“开车还喝啤酒？你 OUT 了！”，把啤儿茶爽定位于潮流饮料，炫酷的包装、新奇的概念、至 IN 的宣言，在 2008 年的饮料行业确实掀起了一股时尚潮流风，但是 2 年以后，啤儿茶爽却黯然退市。

啤儿茶爽的失败的原因就出在潮流饮料的定位上。

所谓潮流产品，追求的是新、奇、特，一旦变为大众化的普通商品后，就失去了市场吸引力。快速变化，引领风尚，制造市场的热度，是所有潮流产品的特点，对需要稳步发展、追求市场长青的产品来说，时尚潮流有与之完全不兼容的特性。

因此，啤儿茶爽的跨界潮流把消费者流席卷了一圈后，热潮便退去了，对定位潮流的饮品来说，这是必然的结果，长青产品与潮流产品本来就是相互背离的。

要避免做短命的潮流产品，一是要看准需求，抓本质相对稳定、受外部环境影响小的需求，二是要把握好产品发育与市场发展的节奏。

看准需求，抓本质相对稳定的需求，这为产品注入了与潮流产品完全不同的基因。

《奇葩说》推出网络产品“粑粑瓜子”，220 克 2 罐装，价格为 69 元，这并非是非一般的瓜子啊！尽管粑粑瓜子宣称绿色种植好原料、精盐细炒不上火的价值，但粑粑卖的已经不是瓜子了，而是超越了瓜子物质价值层面的奇葩，满足的不是真正吃瓜子的吃货，而是追求奇葩潮流的潮人。

因此，不要把粑粑瓜子和洽洽瓜子放在一起，它们的营销理念和价值诉求完全不同，粑粑瓜子卖一时的潮流，奇葩潮后，“粑粑”不会再有，而洽洽依然会继续卖它的瓜子。

在服装界，日系服装巨人优衣库足以证明长青产品与潮流产品的需求基因差别。

与 ZARA、H&M 等以“面向年轻人的潮流时尚、风格不同的服装”为定义的服装不同，优衣库以满足消费者舒适穿着为目标，把产品定位为“生活必需品”。

在其掌门人柳井先生看来，“满足舒适需求的服装不仅有规模宏大的市场，而且还是稳定的市场”，因为“ZARA、H&M 的购买动机只有一个，就是短时间的时髦，但优衣库却因为满足一家人的日常需求让市场呈几何数级扩大的现象”。因此，优衣库在每一季投放的新产品数不超过 500 种，不到 ZARA 与 H&M 的十分之一，通过面料技术的不断创新与升级为消费者提供舒适而优质的日常基础款服装，形成与众不同的“少品种大库存量”且良性循环的销售体系，摇粒绒、HEAT TECH 等产品成为全球畅销超过 10 年的产品。

潮流的定义随外部环境变化而变化，但人类对舒适的定义却具有相对稳定性，优衣库满足了消费者对着装的舒适需求，而不去追求年年季季变花样的时尚潮流，2011 年销售高达 8203 亿日元，成为日本最大的服装公司，从这个角度看，与其说优衣库是服装公司，不如说是为人们的身体提供舒适保护层的技术公司。

所以，要想追求长青且成就卓越品牌，就要抓那些经得起岁月考验，不易随环境变化而变化的需求。

此外，把握好产品发育与市场发展的节奏也至关重要。有些需求还需较长时间的引导，这个时候，要细致地进行市场培育，避免过度开发产品和进行市场炒作，避免跟风追潮，在大众需求还没有被充分激发、市场尚未稳定时，由于跟风者良莠不齐，透支了市场，让产品提前衰退。

2013 年预调鸡尾酒的领先者 RIO 鸡尾酒销量近 10 亿元，公司由此判断 2014 年鸡尾酒将迎来市场高速发展期，到 2020 年，销售额将达到百亿元。

锐澳意气风发，投入巨资进行产品推广，忙着跑马圈地，其风头引得竞争对手百加得的冰锐也加大投入，同时，黑牛、茅台、古井贡、洋河等饮料及白酒企业也蜂拥进入市场，掀起了鸡尾酒的市场热。

然而，2015 年下半年的公开数据显示，锐澳第四季度营业收入下滑到 1.53 亿元，亏损 2 亿元，市场从“百亿蛋糕”梦破碎到争先甩货的状况，鸡尾酒产品毁在了潮流推动下的市场透支上。

作为酒精度含量较低的饮料，鸡尾酒的国内消费需求还处于培育阶段，锐澳的高调引来大批跟风进入者，看似调动了市场竞争，但消费基础并不扎实，需求并不广泛。

根据经销商反应，很多消费者是跟潮流，买过一瓶尝鲜后，就不会再买了。由此，锐澳动销不畅，渠道无法消化库存，造成市场混乱，投入产出比严重失衡，而跟进者要么已死，要么甩货退出竞争市场。在两年时间里，鸡尾酒市场情势陡转，其噩梦就始于潮流的兴起，跟随者黑牛趟进了鸡尾酒潮流的浑水中，一年之后，企业全盘坍塌。

抛开需求体量不谈，六个核桃的销量达到 10 亿元时，基本还在冀鲁豫根据地市场低调深耕。销量近二十亿元时，跨长江进入江浙皖市场，销量超过 60 亿元时，才引起市场关注，伊利、蒙牛、盼盼等品牌也随之跟进，但六个核桃的上下游链条及市场基础已相当稳固，清晰而独特的产品价值让核桃乳已沉淀为日常饮品，准确的产品价值定位与稳健的市场节奏避免了核桃乳的风尚化和潮流化。

在互联网时代，流行“爆品”一词。“爆品”就是快速引发市场反应，快速实现销售，这实质也是潮流产品的变种，爆过之后消费者还能持续购买才是成就卓越品牌，建立长期竞争优势的根本之道。然而，这就不是“爆品”，而是大单品的概念了。

法则三十二：把产品做成品类，然后成为品类代表

产品流到货架上，就成了商品；再从货架上流到消费者的

购物篮中，就成了用品；再进一步，流到大众的心智认知中，并牢牢占据了一个位置，产品就发展成为一个品类。

换句话说，产品是产生在流水线上的物件，而品类是产生在消费者大脑里的概念。产品只有流到消费者的大脑里，并占据相应的位置，才能保证持续畅销。

比如，白酒生产线上出来的产品都是无色、透明、具有麻醉作用、风味不同的液体，作为商品，它们都放在了终端酒类区域的货架上。但在消费者的大脑里，白酒却被分成了酱香型、浓香型、清香型；高档酒、低档酒、贵重酒、普通酒、领导酒、百姓酒、礼品酒、宴会酒等不同类别。

智能手机作为产品，就是机身加软件系统。但在消费者的大脑里，苹果是集科技与时尚于一体的智能手机引领者，三星屏显技术一流，OPPO 是音乐手机，小米是价格低廉的攒机。

碳酸饮料从生产线上出来，产品外形几乎都一样，但在消费者大脑里，却是大大的不同。可口可乐更正宗，百事可乐更年轻，而非常可乐的销售范围则覆盖中国广大乡村地区。

要把产品变成畅销品，就必须把产品做成品类，并成为品类代表。而把产品做成品类的衡量标准是产品价值被大众广泛认同并接受，且在大脑里占据牢固的位置，由此形成了稳定的市场。

“消费者购买的不是钻头，而是墙上的钻孔”，产品所承载价值能够满足消费者的需求，才是消费者购买商品的理由。这个价值一旦被大众充分认同并接受，就会在大脑里以概念的方式占据价值认知区，这好比在脑海里放置一块智能芯片，在需求被唤起时，大脑自动链接到这个智能芯片，驱动消费者实现购买行为。

不仅如此，一旦形成产品价值的认知与行为链接，便会形成购买行为的固定模式，即消费者不用思考复杂的产品选择，由此形成不易改变的购买惯性。

六个核桃有益大脑的产品价值被潜在消费者充分认同和接受，虽然都在罐装植物蛋白饮料的产品货架上，但是消费者会自动区分六个核桃和其他植物蛋白饮料。在潜在消费者需求被唤起时，大脑会自动链接已牢固占据了益脑位置的六个核桃，实现对六个核桃的惯性购买。

形成产品价值的认知与行为链接，就迈向了成为品类，带来稳定市场收益的阶段。然而，要让产品价值被消费者认同，却是营销面临的难题。

企业塑造的产品价值所依附的需求要能被潜在消费者充分关注，被他们认为确实存在问题点和痛点，也是需求点，产品才有被认同的可能。很多新产品在品类未形成前，就存在需求点不足或不明显带来潜在消费者不认同或不接受产品价值的情况。

滴眼液简单、方便、直接的满足消费者的护眼需求，消费者不会感到明显的问题或痛点存在。因此，蓝莓枸杞作为护眼饮料，消费者对其价值不会敏感，这就影响了认同感和接受度的建立，如果再加上价格超过消费者参照系中的饮料价格，在市场竞争中失败就成为必然。

而云南白药牙膏一上市，其帮助解决牙龈出血问题的价值很快得到消费者的认同和接受。一是因为牙龈出血是常见的口腔问题，很多人刷牙时牙龈会出血，能解决非病理性牙龈出血问题的需求还没有被满足；二是云南白药作为止血良药已被大众熟知。两相结合，让云南白药牙膏防止牙龈出血的产品价值迅速建立并被大众接受，在消费者大脑中开辟出防止牙龈出血的价值区，尽管云南白药牙膏的价格是普通牙膏的一倍以上，但依然被消费者认同和接受。

因而，把产品发展成品类，抓准需求点非常重要。另外要面临的难题是持续引导，激发需求并建立认知。

很多时候，需求处于蛰伏状态，认知还未建立时，需要投入资源进行引导，进行市场培育，这个时候将考验企业资源能力和耐力，企业的资源和耐力不够，也是产品品类化进程夭折的常见原因之一。

某企业从 B2B 转型到 B2C，依托自身的番茄原料优势，针对河南区域人们喜欢吃茄汁面的习惯，选择了茄汁面料理酱作为战略单品进入快消品市场。然而，要激发人们在家用料理酱替代新鲜番茄做茄汁面的需求，建立产品方便快捷美味的价值认知，引导人们的使用习惯，需要花时间和资金进行市场培育，其难度超过了预期，该企业却急于求成，导致产品在品类化的路上半途夭折。

一般情况下，品类一旦形成，作为品类开创者将会成为品类代表，并能获取消费者青睐，因此，成为品类代表是产品品类化的最终目标。

比如，六个核桃代表核桃乳，在消费者认知的第一位置，就获得了首选权；茅台代表高端酒，在高规格场合成为首选；奔驰是驾乘感最佳的豪华轿车代表，在中国成为老板车的首选。正是品类代表获得的首选权为其带来了竞争优势，并获得品类的最大市场份额。

要保住品类代表的领导地位，一方面，要避免品类被品项化，即被大品牌通过产品延伸，成为其产品系列之一，而失去了品类代表者的主导地位。

如果六个核桃在品类培养期就被乳品巨头跟进，推出核桃乳，那么核桃乳可能就会成为品牌巨头的延伸品项，而不会成为独立品类。好在乳品巨头跟进时，六个核桃市场基础已相当稳固，其代表的产品价值已被消费者广泛认同和接受。

另一方面，要警惕巨头品牌抢夺第一位置。光明莫斯利安作为常温酸奶的开创者，其常温酸奶的第一位置正面临着伊利安慕希的巨大挑战，这时关键是要投入资源去维护市场地位及消费者大脑中的认知地位，光明尚可战。而对小企业来说，面对巨头品牌的抢夺，基本就是覆顶之灾了。

无论如何，把产品做成品类，并成为品类代表，是企业追求卓越品牌，保持产品长久畅销的必由之路。

法则三十三：构筑竞争壁垒

一旦产品具备发展成为品类的优势，就要积极地为其构筑竞争壁垒，对跟进者形成有效防御，维护其市场地位和竞争优势。

何为快消品的竞争壁垒？中国营销史上的一个特殊案例，即王老吉与加多宝的凉茶商标战为其进行了生动的演绎。

从香港鸿道集团 1997 年正式租赁广药王老吉商标到 2012 年商标改弦更张，鸿道集团旗下的加多宝公司将王老吉凉茶从区域药饮做成了全国畅销的预防上火的清凉饮料。

商标之争让广药集团重新拥有了品牌估值过千亿元的王老吉商标，名正言顺地拥有了“怕上火喝王老吉”的产品价值认知资产，更进一步地占据了红罐的产品符号，这意味着直接而彻底地拿走了加多宝公司多年来为产品累计投入几十亿元巨资在消费者大脑中构筑的第一位置。

加多宝公司不得不把产品更名为加多宝凉茶，同时被迫把红罐换成黄罐，更名和换罐之后，加多宝唯有用“正宗配方”与王老吉抗衡，试图在消费者的大脑中重建强势位置。

此外，加多宝公司利用多来沉淀下来的渠道掌控力快速地稳定市场，让加多宝凉茶一夜之间能全面更替原来的王老吉凉茶，防止了市场的断层和混乱，强大的渠道能力让加多宝争取和节约了更名后培养新品牌所需要的时间成本，而广药则面临着初入快消品新市场对渠道、团队的磨合及沉淀。

两者竞争以后，凉茶形成双强局面，加多宝的市场销量基本处于更名前的最高峰上下浮动，即 100 亿元左右，而王老吉也赢得了近百亿元的市场，抛开两者都有超强的资本财力，这种局面的形成恰恰是对竞争壁垒的最好注解。

首先，建立在消费者大脑里面、对产品及品牌的认知是壁垒，其价值在于让消费者的需求与产品在潜在消费者的大脑里形成链接，一旦产生购买行为，产品将是首选，而获得首选权，能够把竞争对手排除在外的概率大大提高，这个首选权就是壁垒，壁垒的建立是靠金钱和时间共同打造的，这更加强了壁垒的防御性。

广药集团用强硬手段把王老吉商标及相关认知资产收归回来，也就把加多宝公司替它构筑的这个认知壁垒直接接手过来，正是依靠这个壁垒，尽管面临团队、渠道的全面组建与磨合，广药还是迅速在凉茶市场站稳了脚跟，带来近百亿元的市场销量。

而加多宝凉茶痛失这个壁垒，面临着再花费大量资金进行新的认知壁垒的建立。2012 年，加多宝凉茶进行更名推广，为抢占“正宗配方正宗凉茶”的地位，花费了 4 亿元的宣传费用。目前为止，加多宝已牺牲了利润，然而还要继续为争夺金罐凉茶的地位，为争夺消费者大脑里的有利位置而进行大投入。

作为低关注度的快消品来说，认知壁垒要通过广泛而持续的推广，建立消费者与产品或品牌的关系，如果关系是良性的，那么产品或品牌就能获得竞争优势，如果关系还没建立起来或已经被破坏，产品或品牌的竞争优势也将不能被确保。

其次，对快消品而言，市场规模是壁垒。庞大的市场规模不仅让消费者随处能见，维系着产品与消费者的良性关系，也让企业在渠道、终端等资源方面具有主导性和掌控力，形成产品与供应商的良性关系，而关系的建立也需要时间沉淀。

加多宝公司在凉茶市场耕耘十几年，渠道及终端资源已趋于成熟，具有强大的掌控力，而初入快消品市场的广药集团则需投入时间进行磨合和沉淀，正是依靠规模化带来的渠道和终端优势，加多宝与广药打了构筑壁垒的时间差，从而很大程度上弥补了失去认知壁垒带来的不利因素。

加多宝和王老吉在这场特殊的竞争中互有壁垒，两两相抵，奠定了今天的双强局面。

所以，对低关注度快消品来说，竞争壁垒就是在消费者的大脑里占据最有利的位置，其次在市场中用规模获得主导权。

目前，六个核桃尚未遭遇到强大的竞争对手，但依然投入大量的资源持续进行市场竞争，为了占据传播制高点、占据最优推广资源等进一步巩固消费者的认知壁垒。同时，规模壁垒为其获得了市场红利，形成了上下游的良性关系，为竞争对手插足制造了防预屏障。

一方面，快消品的技术含量不高；另一方面，消费者对快消品的技术感知不强，因此技术很难成为快消品的竞争壁垒，但对以技术为本质的产品来说，比如，汽车、电器、手机等科技产品，最强大的壁垒就是企业的技术创新能力。

小米手机曾经以巅峰者角色在国内智能手机中成为出货量最大的产品，但现在已被华为、VIVO、OPPO 等品牌赶超，其出货量已跌出全球智能手机的前五名。

快速发展的市场规模并没有成为小米把竞争对手圈在外面的竞争壁垒，在技术导向的智能手机行业，技术是王道，小米最缺的正是技术，以技术为核心的华为尽管是步小米之后进入智能手机市场，但最终还是轻松赶超了小米。

在智能手机行业，苹果把技术壁垒做到了极致，其专属的ios系统为苹果手机构建出了真正坚不可摧的竞争壁垒。

不管是认知壁垒、规模壁垒还是技术壁垒，其核心都是构建产品“我有你无、你有我强”的优势竞争格局。

第九章

Chapter 9

要义六　行动靠人

发掘需求需要洞察力，解决问题需要想象力，而战略的落实则需要执行力。

法则三十四：市场是靠人打造出来的，人是靠文化来规范的

如果没有人执行，再好的战略规划也落不了地，发挥不了作用，组织和团队等因素直接关乎企业战略的成败，关乎产品市场竞争的成败。

在顺丰快递员被打事件中，顺丰速运总掌舵人王卫亲自为被打快递员发声，捍卫员工尊严。自身做过快递员的王卫非常清楚一线快递员在顺丰的价值，因此，他在企业内部讲话或演讲时，多次表示一线快递员是支撑顺丰的基础，是顺丰集团的核心资产。

从中可以看出，顺丰深刻理解了人在企业发展和营销运营中所起的作用。正是依靠这些忠诚、勤奋、走街串巷的快递小

哥，顺丰在快递市场才得以顺利地跑马圈地，发展成为国内快递行业的领头羊。

在无形产品、以人为载体的服务业如此，在有形产品的快消品行业，市场同样也是靠人一拳一脚打拼下来的。

在产品多如牛毛，市场资源有限，竞争激烈的商业环境中，产品概念再好再独特，也要靠人把它推到市场中去，去抢渠道、抢货架、抢经销商等资源，以此抢得终端消费的入口机会。

“用战术的勤奋来掩盖战略的懒惰”固然不妥，但用“战略的正确来掩盖战术的懈怠”，认为制定了好的战略就可以打胜仗的思想同样不妥。战略必须通过团队人员的实施执行才能发挥威力，同样的战略，不同的人执行出来的效果也大不一样。因此，战略与战术同等重要，方向与团队密不可分。

六个核桃的品类战略，不仅仅是完成了产品价值的顶层设计，制定出“经常用脑，多喝六个核桃”的核心沟通语，成功地进行广告推广。它的成功还在于销售人员拿着产品各个区域地去攻经销商、攻渠道，去争取把产品摆上货架的机会。靠一场场攻城攻巷的攻坚战，把六个核桃从冀鲁豫根据地市场铺过长江再铺向全国，让产品在渠道上落了地生了根，为产品流向消费者的购物篮，流向他们的大脑，这个最强大的阵地。正是人的打拼才赢得了扎实的市场基础，支撑了六个核桃超过百亿元的体量，实现了品类战略的真正落地。

现实中有不少企业制定好了战略，设计好了产品价值的顶层设计，但由于种种原因，不是渠道做得不好，终端曝光率低，消费者很难见到产品，就是终端维护不力，被经销商冷落，被竞争对手挤压，处于被动地位。战术的懈怠消减了战略的威力，战略实质上成为空中楼阁发挥不了应有的作用。而渠道、终端需要的战术动作都是靠人来完成的。

市场的攻城略地，是一场看不见硝烟的战争。一线销售人员与经销商、竞争对手短兵相接，干的是苦活，也是累活，却关乎企业的前途和命运。如果没有他们在市场上开疆拓土的坚持，只有战略的营销，就像只有火车头的火车，无法发挥运输的作用。在营销活动中，只有团队把战略实施落地，才能推动营销的火车向前跑。

因此，企业在营销竞争中，一手要抓战略、抓产品顶层设计，一手要抓人的工作，即发挥人的积极性，保障团队的战斗力，团队和人员的培养，也是企业发展的大问题。

企业通常用制度设计和文化设计来管理员工。制度设计通过增加收益、提高技能、职位晋升等激励方式满足团队人员的需求，同时促进员工自我提升；文化设计则让企业员工建立一致性的价值观，实现员工对企业的核心精神的认同，以此规范企业成员，提高管理效率。

人的欲望是无穷尽的，制度性激励永远也满足不了人的欲望。所以，制度性的激励是相对的，充满不稳定性的，文化则是对人的欲望进行疏导和管理，一旦员工认同并接受企业倡导的文化，从员工内心产生出来的力量能让他们发挥出巨大的主观能动性。因而，文化设计属于最高级别的管理。

恒大冰泉用高收益的激励方式从快消品营销队伍中挖掘人

才，短时间内组建了一个号称两万人的大兵团。但不到两年，这支部队就基本瓦解了。最大的问题就在于，用眼前利益可以把人暂时凑到一起，没有强大的文化把这些人拧成一根绳，形成超级战斗力，结果就成了乌合之众，管理混乱、人心混乱直接导致了市场操作的失败。

六个核桃的成功除了战略的成功外，还有团队管理的成功，它在国内快消品行业里打造出了一支具有超强战斗力的销售铁军。除了制度性的激励外，养元公司特有的憨严文化铸就了这支铁军。

“憨”即是憨厚做人，“严”即是严格做事。这不是空洞的口号，而是养元所处地域的文化及养元掌门人的思想境界所提炼出来的。

与大部分企业不同，养元只雇佣衡水子弟，养元的用人策略造就了其不可复制的核心竞争力，也成为其孕育企业憨严文化的土壤。

养元所在地衡水，人称“自古燕赵多侠士”，燕赵人士具备直爽、道义、朴实、憨厚等素质，养元把这些优秀的素质吸纳进自己的企业文化中。随着社会的发展，衡水由于商业环境相对封闭，经济发展落后于沿海城市，因此个人发展的机会相对较少，一旦有好的工作机会，他们会非常珍惜，不会轻易放弃或改变。对靠用双脚在市场上拼、抢、打的快消品行业来说，这种精神非常宝贵。

养元只用衡水子弟，同一地域的员工具备相同的文化性格基因，让其憨严文化能快速被认同及接受，保持了企业文化的纯粹性。养元用独特的文化创造了“人和”，让人的积极性和战斗力得到最大程度的释放，这正是其他企业无法复制的核心竞争力。

战略如果不能被执行，就只能成为一句空洞的宣传口号，毫无意义。用文化打造一支具有战斗力的团队，是战略得以顺利实施的根本保证。

法则三十五：执行力就是战斗力

“知而不行，是为不知”，意思是知道了不去行动，等于不知道。只有通过实践才能把想法落地实施，把想法变成结果，否则所有的战略都是毫无意义的空想，不知道也罢。

一则著名的寓言故事完美的诠释行动力和执行力，即老鼠开会研讨如何对付对它们产生了严重威胁的黑猫，有的老鼠说合力抓住黑猫，然后杀死它，也有的说研发毒药毒死猫。

一只最聪明的老鼠提出警铃策略。它认为逮住黑猫、杀死黑猫都不靠谱，最好的方式是乘黑猫打盹的时候，偷偷地给它脖子上系一个铃铛，一旦黑猫走动，老鼠们就会听听见铃铛声躲避起来。

策略确定之后，集体讨论如何实施策略。但是如何把铃铛系到黑猫的脖子上？任何一只老鼠都不敢冒险，导致警铃策略流产，老鼠们依然每天过着提心吊胆的生活。显然这群老鼠是一群毫无战斗力的空想家，它们不缺想法，缺的是把想法变成结果的行动力和执行力。

对企业而言，执行力是指团队贯彻战略意图，完成预定目标的实际操作能力，是把战略转化为效益和成果，就是按质按量完成工作任务，它体现着企业的战斗力。

在战争题材的电影中，我们常见这样的场景，即作战指挥官命令前线部队必须拿下敌方阵地的制高点，前线指挥员回答“保证完成任务”，然后士兵们前赴后继往前冲，直到把胜利的旗子插在山头上。在这个故事中，拿下敌方阵地制高点是战略，是方向，炮兵掩护、步兵直攻是策略，将士们奋不顾身、前仆后继地冲锋是执行。

在残酷的战争中只有无条件服从的执行力，才能转化成超强的战斗力，拿下山头，赢得胜利。企业的执行力也应如此，一个执行力弱的团队一定是战斗力弱的队伍，一个战斗力弱的队伍要在激烈竞争的商业战场上打胜仗，同样是不现实的。

执行力的重要性体现在商业活动的方方面面，平安保险的董事长马明哲认为，没有执行力就没有核心竞争力，核心竞争力需要执行力来保障。

任正非也曾用过类似的战争比喻来说明对华为团队执行力的打造，华为创业期的价值标准是“只以成败论英雄”“一个团队打山头，你打不下来，当场就把团长撤了，让连长当团长，最后山头真的打下来了，这个团长就给连长当了”，华为通过这种方式打造“狼性团队”，保证了团队的高效执行力。

而养元提出了个三度理念“战略要有高度、管理要有制度、执行要有力度”，这正是养元在营销竞争与企业运营中获得成功的经验总结和行动纲领，在养元看来，执行与战略同等重要。

“执行要有力度”的执行观保证了养元的战略意图得以从上到下快速决策，高效实施。在养元开会决策重大事项时，高效的执行力充分发挥，会后所有策略立刻就会被执行。2009年，确定了六个核桃的品类战略后，“经常用脑，多喝六个核桃”的宣传材料在两个月内遍布了冀鲁豫根据地市场。正是如此强大的执行力铸就了六个核桃所向披靡的战斗力，从市场跟随者走向了市场引领者，从区域性的小微企业跨入了全国百亿品牌俱乐部。

企业的执行力如何，往往从其开会状况就可以反映出来。六个核桃的会议通常以结果为导向，即会议要有结果，以此为目标去执行。然而不少企业会议冗长，或议而不决，或决策无果，网络上有个关于开会的段子，形象地描述了议而不决，决而无果的会议。

会议室烟雾缭绕，参会者正襟危坐，老大说：“这个问题非常重要，我们思想上必须高度重视”。

老二说：“对对对，不重视不行，不重视是要吃大亏的”。

老三说：“实践证明，不重视这个问题，最终一定会付出血的代价”。

老四说：“不仅我们管理层要重视，一般员工也要重视，做到人人关注，人人负责，不留死角”。会议最后形成了一致意见，并下发了“关于高度重视××问题的通知”。

突然有一天，发生了火灾事故，老大雷霆震怒，要追究当班员工的责任，让老四提交一个调查报告。

老四回来报告，文件都传达了，大家还都写了学习心得，可是墙上的电线实在太老旧了，此次事故应该属于意外情况。

老大说："这一次虽然是意外，但是我们思想上还是要高度重视。"于是，公司又召开了一次专题会议，老大说："这个问题非常重要，我们思想上必须高度重视"。

老二说："对对对，不重视不行，不重视是要吃大亏的"。

老三说："实践证明，不重视这个问题，最终一定会付出血的代价"。

老四说："不仅我们管理层要重视，一般员工也要重视，做到人人关注，人人负责，不留死角"。

会议最后再一次形成了一致意见，并下发了"关于高度重视××问题的通知"。

尽管是段子，但这种现象在现实中并不陌生，坐而论道，行动迟缓，从中可分析出企业战斗力的强弱、竞争力的高低与企业执行力之间密切的关系。

虽然执行力是大众化的概念，似乎人人都理解执行力的重要性，但真正落地实施，却是不简单的事情，因为这关系到人的工作，涉及对人的管理，对人心的把握，这是最难的，考验的是企业领导人的智慧和魄力。

企业从不缺乏战略，缺乏的是执行力。美国著名财经杂志《财富》曾披露一组数据，75% CEO 失败的原因在战略执行上，战略得到有效执行的还不到 10%，而 72% 的 CEO 认为执行战略比制定好的战略更难。

要缔造伟大的企业和品牌，执行力是必备的素质，要依靠它保证企业旺盛的战斗力，以此赢得竞争优势的延续。

法则三十六：用匠人精神打造产品

战国时有个姓丁的厨师为梁惠王宰牛，不但动作快，而且下刀剥皮剔骨都非常熟练，不一会儿，就把一头牛的肉和骨头都分解开了。梁惠王看了赞叹说：“这宰牛的技术真是高超啊”，丁厨师答道：“之所以技术娴熟，是因为我在十九年的宰牛生涯中，解刨了几千头牛，牛的构造已了然于心”。所以宰牛得心应手，成为宰牛高手。从丁厨师身上充分体现了现代企业要追求的匠人精神。

匠人精神，简单地说，就是追求极致产品的专注精神。中国有句成语“玉不琢不成器”，要得到一块美玉，必须经过精雕细琢，“精雕”和“细琢”就是匠人精神的最佳写照，即凝神雕琢，精心打磨，没有杂念，不能浮躁，心中、眼里、手上只有一物玉器，只有达到这种境界，才能把璞玉雕刻成举世无双的珍宝。

用匠人精神打造产品是追求产品长青，这是卓越品牌的企业所必须具备的精神。截至 2013 年，全球寿命超过 200 年的企业，日本有 3146 家，位列全球之冠。德国有 837 家，荷兰 222 家，法国 196 家，这些百年企业所具备的一个共同点就是他们都传承了追求极致、精益求精、专注专心的匠人精神。

把产品做到极致，就是自始至终地让产品保持超出消费者价值预期的状态，持续给他们带来愉悦、放心的体验，与消费者形成高强度的黏合，保持产品强大而持久的市场生命力，追求极致产品。

日本哈德洛克工业株式会社是生产螺母的全球顶尖企业，它们生产的螺母号称“永不松动”。螺母松动是很平常的事，但对高速行驶的列车来说，铁路螺母松动却关系到旅客的生命安危。

从哈德洛克的创始人决定生产出永不松动的螺母到日本铁路公司全面使用这种螺母，期间花费了 20 年。目前，哈德洛克螺母不仅在日本广泛使用，而且全球铁路都在使用其生产的螺母。

哈德洛克在企业网页上充满自豪地写道：“本公司常年积累的独特技术和诀窍，对不同的尺寸和材质有不同的对应偏芯量”，这是哈德洛克无法被模仿的关键。

哈德洛克通过几十年的研究，生产出永不松动的螺母，为企业创造了独一无二的核心竞争力，这正是“无法被模仿的关键”，靠匠人精神打磨出来的产品让哈德洛克在全球螺母制造行业中始终保持着独特的竞争优势。

无论是在竞争领域内还是在消费者心中，苹果都被誉为智能手机的引领者，这正是苹果公司所有员工工作态度的体现，即“我们只是认真思考如何制造了不起的产品”。

乔布斯曾用“专注、自我陶醉和完美主义”来标榜自己，对产品开发和设计近乎严苛。他坚持要求所有员工都要关注消费者看不到的细节，比如，电路板等产品的内部元件也必须美观，正是这种追求完美的匠人精神制造出了“了不起”的产品，使苹果赏心悦目，深受消费者的喜爱和追捧。

综上所述，打造优质的产品不仅要着眼于生产线，更要注重打造营销生态系统，即从产品变成商品的过程，涉及产品的不断完善、销售渠道建设、市场推广及培养团队等。企业要建立良性的营销生态系统，不可能一蹴而就，需要投入时间，不断地进行培育、修正、发展，最终达到成熟，这个过程更需要有匠人精神的执着、踏实与专注。

如果以产品在市场上形成持续稳定的动销状态作为营销生态系统的标志，那么，生产永不松动的螺母的哈德洛克用了20年；可口可乐从1886年诞生到1895年卖到全美成为畅销饮料，用了近10年。六个核桃从2002年问世到2012年开始畅销全国，也用了10年。十年磨一剑的匠心和功夫，就是为产品构建了良性的营销生态系统。

恒大冰泉刚入市时制定一年100亿元、每年销量再翻一倍的目标。大跃进式的做法，对构建良性的营销生态系统并无益处，反而导致渠道和市场的混乱，透支了资源，产品入市3年，亏损高达40亿元。

互联网技术的进步加快了商业社会的发展节奏，加上金融资本的泡沫，社会笼罩着急功近利的浮躁氛围，然而，在浮躁的时代背景下，匠人精神更显难能可贵，更需要坚守传承。

凡客诚品曾是一家成功的以卖休闲服饰为主的电子商务公司，2007年成立，2010年鼎盛时期销售额达到20亿元，员工高达 13000 人，拥有 30 多条产品线。

2010 年底，凡客将 2011 年的销售目标从 40 亿元提高到 60 亿元，进而调整到 100 亿元，浮躁风让这家电商公司迅速跌到了谷底，2011 年，总库存高达 14.45 亿元，营业收入为 32 亿元，仅为目标的三分之一，总亏损近 6 亿元。

创始人在反思中总结凡客最大的问题在于不够专注、不够极致，盲目追求规模和速度，太过浮躁。吸取失败的经验之后，凡客调整发展战略，专注生产白衬衣，并开始大量投入产品研发，才发现最简单的白衬衣也有许多不简单的细节问题，急功近利的浮躁掩盖了对产品的极致追求，如此看来，凡客前期的失败正是缺乏匠人精神。

每一次社会变革都会推动商业的行业变化。在商业大潮的席卷下，涌现出各种闪亮的新产品，但大潮退后，唯有坚守传承匠人精神，追求极致的优质产品和企业，才会经得住消费者和市场的长期考验，最终存留下来。

尚扬六个核桃品类战略历程大事件表

2009年5月初，在河北石家庄养元会议室，尚扬提交《六个核桃如何创建核桃饮品第一品牌》的战略报告，尚扬王超董事长亲自讲解，养元六个核桃公司总经理范召林、市场部经理李营威等出席会议。在报告中，尚扬首席战略研究员范萍女士提出了“经常用脑，多喝六个核桃”的品类价值核心沟通语，六个核桃由此开启了品类战略历程。

2010年，为构建益脑饮料的品类价值认知，尚扬提出代言人升级策略，导入智慧型代言人。由此，六个核桃将原代言人梅婷升级为知性、睿智的主持人鲁豫，用代言人形象强化品类价值体验。

2010年，为抢先占据品类第一的消费者认知，尚扬提出传播制高点思想。由此，六个核桃开启了投放央视一套黄金广告的策略，最大限度地保证了品类价值的有效传播，并为开辟全国市场进行预热和铺垫。

2011 年，伴随六个核桃从区域走向全国，尚扬提出视觉优化战略，六个核桃由此展开包装的视觉升级，建立并强化产品视觉符号，摆脱对杏仁露的跟随，从视觉体验上推动品类的独立性的建设。

企业制定合适的创意策略，将“辛苦复习　紧张考试”的典型场景作为六个核桃体验价值、激发需求的符号性元素，贯穿于六个核桃的广告中，并提出构建品类价值信任状的策略，六个核桃由此展开了与权威机构的良好合作。

2012 年初春，为进一步深化品类价值认知，尚扬向六个核桃提交《2012 年六个核桃要做的三个战略动作》的报告，提出“高考季”战略，依托高考，将 4 ~ 6 月的销售淡季转变为六个核桃的品类价值宣导季及销售季，针对学生家长诉求“这段时间，孩子特别用脑，多喝六个核桃”，并进行相关广告的创意及拍摄制作，六个核桃由此展开了高考季的系列销售与传播动作。

2013 年，为巩固六个核桃的节点箱货市场，尚扬首席研究员范萍与养元副总经理李营威在上海开会，提出为六个核桃导入“顺”的品牌文化元素，宣导“六个核桃，六六大顺”，形成品类价值与品牌情感价值的双重传播策略。

2014 年，为活化品牌形象，尚扬提出在高考季推出“状元红罐”产品，提出“这段时间，喝红红的六个核桃，必胜”的诉求，六个核桃由此把易智状元定位为针对学生的细分产品。

2014 年 4 月，在六个核桃进入百亿俱乐部之时，面对新的竞争环境，尚扬提出 3.0 级营销战略概念，展开品牌的公益营销，构建六个核桃积极的社会形象，为品牌注入新的势能和信任状，并策划“六个核桃·读书慧”公益活动。

2015 年，基于六个核桃竞争形势的变化，尚扬提出构建六个核桃的城市化战略，推动六个核桃从节点箱货向日常家庭箱货购买延伸，并成为一线城市的主流饮品。由此，六个核桃展开了城市化的传播策略，与热门益智类电视节目深度合作，深化品类价值及品牌影响力。

2016 年，尚扬提出六个核桃进入对品类价值信赖度及好感度的建造，进一步夯实益脑的品类价值，黏合消费。由此，创意并制作了《核桃变身之旅》的长版本广告。

文武双全话“尚扬”

养元智汇饮品股份有限公司总裁

养元公司在近4年的跨越式发展过程中，不同的阶段遇到不同的困惑，作为决策层，始终坚持“‘专业的事由专家来解决’的理念，审慎地选择优秀的顾问”是养元领导层解决问题的常用方式，尚扬作为养元的长期营销战略顾问，为养元的高速发展做出了巨大贡献。回首五年的合作，尚扬之于养元，可以用一句话概括：“文武双全，助力养元”。

文：开创健脑饮料品类，给品牌一个独有的重要价值

“做不了唯一，就做第一”，植物蛋白饮料多年来被消费者认知为风味饮料，一直面临做不大的尴尬局面。2009年，尚扬帮助养元六个核桃实施战略分化，打开了益智健脑全新品类这扇大门，在植物蛋白大品类里独创健脑品类，区隔所有的竞争对手，为六个核桃品牌找到了独特的价值。“经常用脑，多喝六个核桃”不是一句简单的广告语，其根本价值是为品牌直接在消费场景中找到典型化人群，将核桃乳消费由弱势需求促成刚性需求，这个品类价值是六个核桃业绩跨越式增长的核心密码。

武：提出“高考季”营销战略，创造了一个旺季市场

2012 年，尚扬帮助养元从六个核桃产品特性出发，精准瞄定源点目标消费群，确立并实施“高考季”营销战略，将“高考季”打造成为新的销售节点，这是养元六个核桃的独角戏，在这个节点上，其他竞品基本上都充当了看客。这一“特定时期”的市场份额为全年销售增幅做出了巨大的贡献，而且改变了六个核桃作为非解渴类饮料夏天淡季不旺销的局面，为养元六个核桃开创了春节、中秋等传统销售旺季之外的又一个旺季市场。

综上所述，两次重要的推动达到了战略指导战术、战术支持战略的全面融合对接，使企业在高速发展的过程中，如同注入了两次核动力，尚扬为六个核桃量身制作的两重核动力，是构建养元六个核桃营销竞争战略的重要基因。目前，市场反馈出的惊人效果仅仅是开始，随着企业资源的继续整合优化，其发展前景不可估量，对于这一点，我深信不疑！

从 2008 年到 2013 年，养元携手尚扬一起走过了高速发展的关键 5 年，这本专刊是双方对 5 年合作的阶段性的总结与回顾。我除了对王超老师、范萍老师表示衷心感谢外，更希望在未来的岁月里我们共同进步。愿尚扬“文武双全，更上层楼”!

2014 年 4 月 16 日养元为表彰尚扬董事长王超、首席战略研究员范萍在六个核桃项目的突出贡献，授予尚扬董事长王超、首席战略研究员范萍“养元荣誉员工”称号。

推荐作者得新书！

博瑞森征稿启事

亲爱的读者朋友：

感谢您选择了博瑞森图书！希望您手中的这本书能给您带来实实在在的帮助！

博瑞森一直致力于发掘好作者、好内容，希望能把您最需要的思想、方法，一字一句地交到您手中，成为专业知识与管理实践的纽带和桥梁。

但是我们也知道，有很多深入企业一线、经验丰富、乐于分享的优秀专家，或者往来奔波没时间，或者缺少专业的写作指导和便捷的出版途径，只能茫然以待……

还有很多在竞争大潮中坚守的企业，有着异常宝贵的实践经验和独特的闪光点，但缺少专业的记录和整理者，无法让企业的经验和故事被更多的人了解、学习、参考……

这些都太遗憾了！

博瑞森非常希望能将这些埋藏的“宝藏”发掘出来，贡献给广大读者，让更多的人得到帮助。

所以，我们真心地邀请您，我们的老读者，帮助我们一起搜寻：

推荐作者。

可以是您自己或您的朋友，只要对本土管理有实践、有思考；可以是您通过网络、杂志、书籍或其他途径了解的某位专家，不管名气大小，只要他的思想和方法曾让您深受启发。

推荐企业。

可以是您自己所在的企业，或者是您熟悉的某家企业，其创业过程、运营经历、产品研发、机制创新，等等。不论企业大小，只要乐于分享、有值得借鉴书写之处。

总之，好内容就是一切！

博瑞森绝非“自费出书”，出版项目费用完全由我们承担。您推荐的作者或企业案例一经采用，我们会立刻向您赠送书币 100 元，可直接换取任何博瑞森图书的纸质版或电子版。

感谢您对本土管理的支持！感谢您对博瑞森图书的帮助！

推荐邮箱：bookgood@126.com　　　　推荐手机：13611149991

与主编加为好友：→ bookgood2000

博瑞森管理图书网：http://www.bracebook.com.cn/index.html

1120 本土管理实践与创新论坛

这是由100多位本土管理专家联合创立的企业管理实践学术交流组织，旨在孵化本土管理思想、促进企业管理实践、加强专家间交流与协作。

论坛每年集中力量办好两件大事：第一，**“出一本书”**，汇聚一年的思考和实践，把最原创、最前沿、最实战的内容集结成册，贡献读者；第二，**“办一次会”**，每年11月20日本土管理专家们汇聚一堂，碰撞思想、研讨案例、交流切磋、回馈社会。

论坛理事名单（以年龄为序，以示传承之意）

常务理事：

彭志雄　曾　伟　施　炜　杨　涛　张学军　郭　晓
程绍珊　胡八一　王祥伍　李志华　陈立云　杨永华

理　　事：

卢根鑫　曾令同　宋杼宸　张国祥　刘承元　曹子祥　宋新宇　吴越舟
吴　坚　戴欣明　刘春雄　刘祖轲　段继东　何　慕　秦国伟　贺兵一
张小虎　郭　剑　余晓雷　黄中强　朱玉童　沈　坤　阎立忠　张　进
丁兴良　朱仁健　薛宝峰　史贤龙　卢　强　史幼波　叶敦明　王明胤
陈　明　岑立聪　方　刚　张东利　郭富才　叶　宁　何　屹　沈　奎
王　超　马宝琳　谭长春　夏惊鸣　张　博　李洪道　胡浪球　孙　波
唐江华　刘红明　杨鸿贵　伯建新　高可为　李　蓓　孔祥云　贾同领
罗宏文　史立臣　李政权　余　盛　陈小龙　尚　锋　邢　雷　余伟辉
李小勇　全怀周　沈　拓　徐伟泽　崔自三　王玉荣　蒋　军　侯军伟
黄润霖　金国华　吴　之　葛新红　周　剑　崔海鹏　柏　龑　唐道明
朱志明　曲宗恺　杜　忠　远　鸣　范月明　刘文新　赵晓萌　张　伟
熊亚柱　孙彩军　刘　雷　王庆云　俞士耀　丁　昀　黄　磊　罗晓慧
伏泓霖　梁小平　鄢圣安

企业案例·老板传记

	书名.作者	内容/特色	读者价值
企业案例·老板传记	**娃哈哈区域标杆:豫北市场营销实录** 罗宏文　赵晓萌　等著	本书从区域的角度来写娃哈哈河南分公司豫北市场是怎么进行区域市场营销,成为娃哈哈全国第一大市场、全国增量第一高市场的一些操作方法	参考性、指导性,一线真实资料
	像六个核桃一样:打造畅销品的36个简明法则 王　超　范　萍　著	本书分上下两篇:包括“六个核桃”的营销战略历程和36条畅销法则	知名企业的战略历程极具参考价值,36条法则提供操作方法
	六个核桃凭什么:从0过100亿 张学军　著	首部全面揭秘养元六个核桃裂变式成长的巨著	学习优秀企业的成长路径,了解其背后的理论体系
	借力咨询:德邦成长背后的秘密 官同良　王祥伍　著	讲述德邦是如何借助咨询公司的力量进行自身与发展的	来自德邦内部的第一线资料,真实、珍贵,令人受益匪浅
	解决方案营销实战案例 刘祖轲　著	用10个真案例讲明白什么是工业品的解决方案式营销,实战、实用	有干货、真正操作过的才能写得出来
	招招见销量的营销常识 刘文新　著	如何让每一个营销动作都直指销量	适合中小企业,看了就能用
	我们的营销真案例 联纵智达研究院　著	五芳斋粽子从区域到全国/诺贝尔瓷砖门店销量提升/利豪家具出口转内销/汤臣倍健的营销模式	选择的案例都很有代表性,实在、实操!
	中国营销战实录:令人拍案叫绝的营销真案例 联纵智达　著	51个案例,42家企业,38万字,18年,累计2000余人次参与……	最真实的营销案例,全是一线记录,开阔眼界
	双剑破局:沈坤营销策划案例集 沈　坤　著	双剑公司多年来的精选案例解析集,阐述了项目策划中每一个营销策略的诞生过程,策划角度和方法	一线真实案例,与众不同的策划角度令人拍案叫绝、受益匪浅
	宗:一位制造业企业家的思考 杨　涛　著	1993年创业,引领企业平稳发展20多年,分享独到的心得体会	难得的一本老板分享经验的书
	简单思考:AMT咨询创始人自述 孔祥云　著	著名咨询公司(AMT)的CEO创业历程中点点滴滴的经验与思考	每一位咨询人,每一位创业者和管理经营者,都值得一读
	边干边学做老板 黄中强　著	创业20多年的老板,有经验、能写、又愿意分享,这样的书很少	处处共鸣,帮助中小企业老板少走弯路
	三四线城市超市如何快速成长:解密甘雨亭 IBMG国际商业管理集团　著	国内外标杆企业的经验+本土实践量化数据+操作步骤、方法	通俗易懂,行业经验丰富,宝贵的行业量化数据,关键思路和步骤
	中国首家未来超市:解密安徽乐城 IBMG国际商业管理集团　著	本书深入挖掘了安徽乐城超市的试验案例,为零售企业未来的发展提供了一条可借鉴之路	通俗易懂,行业经验丰富,宝贵的行业量化数据,关键思路和步骤

互联网+

	书名.作者	内容/特色	读者价值
互联网+	**触发需求:互联网新营销样本·水产** 何足奇　著	传统产业都在苦闷中挣扎前行,本书通过鲜活的案例告诉你如何以需求链整合供应链,从而把大家熟知的传统行业打碎了重构、重做一遍	全是干货,值得细读学习,并且作者的理论已经经过了他亲自操刀的实践检验,效果惊人,就在书中全景展示
	移动互联新玩法:未来商业的格局和趋势 史贤龙　著	传统商业、电商、移动互联,三个世界并存,这种新格局的玩法一定要懂	看清热点的本质,把握行业先机,一本书搞定移动互联网
	微商生意经:真实再现33个成功案例操作全程 伏泓霖　罗晓慧　著	本书为33个真实案例,分享案例主人公在做微商过程中的经验教训	案例真实,有借鉴意义
	阿里巴巴实战运营——14招玩转诚信通 聂志新　著	本书主要介绍阿里巴巴诚信通的十四个基本推广操作,从而帮助使用诚信通的用户及企业更好地提升业绩	基本操作,很多可以边学边用,简单易学

续表

互联网+	今后这样做品牌:移动互联时代的品牌营销策略 蒋　军　著	与移动互联紧密结合,告诉你老方法还能不能用,新方法怎么用	今后这样做品牌就对了
	互联网+"变"与"不变":本土管理实践与创新论坛集萃.2016 本土管理实践与创新论坛　著	本土管理领域正在产生自己独特的理论和模式,尤其在移动互联时代,有很多新课题需要本土专家们一起研究	帮助读者拓宽眼界、突破思维
	创造增量市场:传统企业互联网转型之道 刘红明　著	传统企业需要用互联网思维去创造增量,而不是用电子商务去转移传统业务的存量	教你怎么在"互联网+"的海洋中创造实实在在的增量
	重生战略:移动互联网和大数据时代的转型法则 沈　拓　著	在移动互联网和大数据时代,传统企业转型如同生命体打算与再造,称之为"重生战略"	帮助企业认清移动互联网环境下的变化和应对之道
	画出公司的互联网进化路线图:用互联网思维重塑产品、客户和价值 李　蓓　著	18个问题帮助企业一步步梳理出互联网转型思路	思路清晰、案例丰富,非常有启发性
	7个转变,让公司3年胜出 李　蓓　著	消费者主权时代,企业该怎么办	这就是互联网思维,老板有能这样想,肯定倒不了
	跳出同质思维,从跟随到领先 郭　剑　著	66个精彩案例剖析,帮助老板突破行业长期思维惯性	做企业竟然有这么多玩法,开眼界

行业类:零售、白酒、食品/快消品、农业、医药、建材家居等

	书名.作者	内容/特色	读者价值
零售·超市·餐饮·服装·汽车	1. 总部有多强大,门店就能走多远 2. 超市卖场定价策略与品类管理 3. 连锁零售企业招聘与培训破解之道 4. 中国首家未来超市:解密安徽乐城 5. 三四线城市超市如何快速成长:解密甘雨亭 IBMG国际商业管理集团　著	国内外标杆企业的经验+本土实践量化数据+操作步骤、方法	通俗易懂,行业经验丰富,宝贵的行业量化数据,关键思路和步骤
	涨价也能卖到翻 村松达夫　【日】	提升客单价的15种实用、有效的方法	日本企业在这方面非常值得学习和借鉴
	零售:把客流变成购买力 丁　昀　著	如何通过不断升级产品和体验式服务来经营客流	如何进行体验营销,国外的好经营,这方面有启发
	餐饮企业经营策略第一书 吴　坚　著	分别从产品、顾客、市场、盈利模式等几个方面,对现阶段餐饮企业的发展提出策略和思路	第一本专业的、高端的餐饮企业经营指导书
	赚不赚钱靠店长:从懂管理到会经营 孙彩军　著	通过生动的案例来进行剖析,注重门店管理细节方面的能力提升	帮助终端门店店长在管理门店的过程中实现经营思路的拓展与突破
	汽车配件这样卖:汽车后市场销售秘诀100条 俞士耀　著	汽配销售业务员必读,手把手教授最实用的方法,轻松得来好业绩	快速上岗,专业实效,业绩无忧
耐消品	跟行业老手学经销商开发与管理:家电、耐消品、建材家居 黄润霖　著	全部来源于经销商管理的一线问题,作者用丰富的经验将每一个问题落实到最便捷快速的操作方法上去	书中每一个问题都是普通营销人亲口提出的,这些问题你也会遇到,作者进行的解答则精彩实用
白酒	变局下的白酒企业重构 杨永华　著	帮助白酒企业从产业视角看清趋势,找准位置,实现弯道超车的书	行业内企业要减少90%,自己在什么位置,怎么做,都清楚了
	1. 白酒营销的第一本书(升级版) 2. 白酒经销商的第一本书 唐江华　著	华泽集团湖南开口笑公司品牌部长,擅长酒类新品推广、新市场拓展	扎根一线,实战

续表

白酒	**区域型白酒企业营销必胜法则** 朱志明 著	为区域型白酒企业提供35条必胜法则，在竞争中赢销的葵花宝典	丰富的一线经验和深厚积累，实操实用
	10步成功运作白酒区域市场 朱志明 著	白酒区域操盘者必备，掌握区域市场运作的战略、战术、兵法	在区域市场的攻伐防守中运筹帷幄，立于不败之地
	酒业转型大时代：微酒精选2014－2015 微酒 主编	本书分为五个部分：当年大事件、那些酒业营销工具、微酒独立策划、业内大调查和十大经典案例	了解行业新动态、新观点，学习营销方法
快消品·食品	**乳业营销第一书** 侯军伟 著	对区域乳品企业生存发展关键性问题的梳理	唯一的区域乳业营销书，区域乳品企业一定要看
	食用油营销第一书 余盛 著	10多年油脂企业工作经验，从行业到具体实操	食用油行业第一书，当之无愧
	中国茶叶营销第一书 柏龑 著	如何跳出茶行业“大文化小产业”的困境，作者给出了自己的观察和思考	不是传统做茶的思路，而是现在商业做茶的思路
	调味品营销第一书 陈小龙 著	国内唯一一本调味品营销的书	唯一的调味品营销的书，调味品的从业者一定要看
	快消品营销人的第一本书：从入门到精通 刘雷 伯建新 著	快消行业必读书，从入门到专业	深入细致，易学易懂
	变局下的快消品营销实战策略 杨永华 著	通胀了，成本增加，如何从被动应战变成主动的“系统战”	作者对快消品行业非常熟悉、非常实战
	快消品经销商如何快速做大 杨永华 著	本书完全从实战的角度，评述现象，解析误区，揭示原理，传授方法	为转型期的经销商提供了解决思路，指出了发展方向
	一位销售经理的工作心得 蒋军 著	一线营销管理人员想提升业绩却无从下手时，可以看看这本书	一线的真实感悟
	快消品营销：一位销售经理的工作心得2 蒋军 著	快消品、食品饮料营销的经验之谈，重点图书	来源与实战的精华总结
	快消品营销与渠道管理 谭长春 著	将快消品标杆企业渠道管理的经验和方法分享出来	可口可乐、华润的一些具体的渠道管理经验，实战
	成为优秀的快消品区域经理 伯建新 著	37个“怎么办”分析区域经理的工作关键点	可以作为区域经理的‘速成催化器’
	销售轨迹：一位快消品营销总监的拼搏之路 秦国伟 著	本书讲述了一个普通销售员打拼成为跨国企业营销总监的真实奋斗历程	激励人心，给广大销售员以力量和鼓舞
	快消老手都在这样做：区域经理操盘锦囊 方刚 著	非常接地气，全是多年沉淀下来的干货，丰富的一线经验和实操方法不可多得	在市场摸爬滚打的“老油条”，那些独家绝招妙招一般你问都是问不来的
	动销四维：全程辅导与新品上市 高继中 著	从产品、渠道、促销和新品上市详细讲解提高动销的具体方法，总结作者18年的快消品行业经验，方法实操	内容全面系统，方法实操
农业	**中小农业企业品牌战法** 韩旭 著	将中小农业企业品牌建设的方法，从理论讲到实践，具有指导性	全面把握品牌规划，传播推广，落地执行的具体措施
	农资营销实战全指导 张博 著	农资如何向“深度营销”转型，从理论到实践进行系统剖析，经验资深	朴实、使用！不可多得的农资营销实战指导
	农产品营销第一书 胡浪球 著	从农业企业战略到市场开拓、营销、品牌、模式等	来源于实践中的思考，有启发
	变局下的农牧企业9大成长策略 彭志雄 著	食品安全、纵向延伸、横向联合、品牌建设……	唯一的农牧企业经营实操的书，农牧企业一定要看

续表

医药	**新医改下的医药营销与团队管理** 史立臣　著	探讨新医改对医药行业的系列影响和医药团队管理	帮助理清思路，有一个框架
	医药营销与处方药学术推广 马宝琳　著	如何用医学策划把“平民产品”变成“明星产品”	有真货、讲真话的作者，堪称处方药营销的经典！
	新医改了，药店就要这样开 尚　锋　著	药店经营、管理、营销全攻略	有很强的实战性和可操作性
	电商来了，实体药店如何突围 尚　锋　著	电商崛起，药店该如何突围？本书从促销、会员服务、专业性、客单价等多重角度给出了指导方向	实战攻略，拿来就能用
	在中国，医药营销这样做：时代方略精选文集 段继东　主编	专注于医药营销咨询15年，将医药营销方法的精华文章合编，深入全面	可谓医药营销领域的顶尖著作，医药界读者的必读书
	OTC医药代表药店销售36计 鄢圣安　著	以《三十六计》为线，写OTC医药代表向药店销售的一些技巧与策略	案例丰富，生动真实，实操性强
	OTC医药代表药店开发与维护 鄢圣安　著	要做到一名专业的医药代表，需要做什么、准备什么、知识储备、操作技巧等	医药代表药店拜访的指导手册，手把手教你快速上手
	引爆药店成交率1：店员导购实战 范月明　著	一本书解决药店导购所有难题	情景化、真实化、实战化
	引爆药店成交率2：经营落地实战 范月明　著	最接地气的经营方法全指导	揭示了药店经营的几类关键问题
	医药企业转型升级战略 史立臣　著	药企转型升级有5大途径，并给出落地步骤及风险控制方法	实操性强，有作者个人经验总结及分析
建材家居	**建材家居营销实务** 程绍珊　杨鸿贵　主编	价值营销运用到建材家居，每一步都让客户增值	有自己的系统、实战
	建材家居门店销量提升 贾同领　著	店面选址、广告投放、推广助销、空间布局、生动展示、店面运营等	门店销量提升是一个系统工程，非常系统、实战
	10步成为最棒的建材家居门店店长 徐伟泽　著	实际方法易学易用，让员工能够迅速成长，成为独当一面的好店长	只要坚持这样干，一定能成为好店长
	手把手帮建材家居导购业绩倍增：成为顶尖的门店店员 熊亚柱　著	生动的表现形式，让普通人也能成为优秀的导购员，让门店业绩长红	读着有趣，用着简单，一本在手、业绩无忧
	建材家居经销商实战42章经 王庆云　著	告诉经销商：老板怎么当、团队怎么带、生意怎么做	忠言逆耳，看着不舒服就对了，实战总结，用一招半式就值了
工业品	**销售是门专业活：B2B、工业品** 陆和平　著	销售流程就应该跟着客户的采购流程和关注点的变化向前推进，将一个完整的销售过程分成十个阶段，提供具体方法	销售不是请客吃饭拉关系，是个专业的活计！方法在手，走遍天下不愁
	解决方案营销实战案例 刘祖轲　著	用10个真案例讲明白什么是工业品的解决方案式营销，实战、实用	有干货、真正操作过的才能写得出来
	变局下的工业品企业7大机遇 叶敦明　著	产业链条的整合机会、盈利模式的复制机会、营销红利的机会、工业服务商转型机会……	工业品企业还可以这样做，思维大突破
	工业品市场部实战全指导 杜　忠　著	工业品市场部经理工作内容全指导	系统、全面、有理论、有方法，帮助工业品市场部经理更快提升专业能力
	工业品营销管理实务 李洪道　著	中国特色工业品营销体系的全面深化、工业品营销管理体系优化升级	工具更实战，案例更鲜活，内容更深化
	工业品企业如何做品牌 张东利　著	为工业品企业提供最全面的品牌建设思路	有策略、有方法、有思路、有工具
	丁兴良讲工业4.0 丁兴良　著	没有枯燥的理论和说教，用朴实直白的语言告诉你工业4.0的全貌	工业4.0是什么？本书告诉你答案

续表

工业品	**资深大客户经理:策略准,执行狠** 叶敦明　著	从业务开发、发起攻势、关系培育、职业成长四个方面,详述了大客户营销的精髓	满满的全是干货
	一切为了订单:订单驱动下的工业品营销实战 唐道明　著	其实,所有的企业都在围绕着两个字在开展全部的经营和管理工作,那就是"订单"	开发订单、满足订单、扩大订单。本书全是实操方法,字字珠玑、句句干货,教你获得营销的胜利
金融	**交易心理分析** (美)马克·道格拉斯　著 刘真如　译	作者一语道破赢家的思考方式,并提供了具体的训练方法	不愧是投资心理的第一书,绝对经典
	精品银行管理之道 崔海鹏　何　屹　主编	中小银行转型的实战经验总结	中小银行的教材很多,实战类的书很少,可以看看
	支付战争 Eric M. Jackson　著 徐　彬　王　晓　译	PayPal 创业期营销官,亲身讲述 PayPal 从诞生到壮大到成功出售的整个历史	激烈、有趣的内幕商战故事!了解美国支付市场的风云巨变
房地产	**产业园区/产业地产规划、招商、运营实战** 阎立忠　著	目前中国第一本系统解读产业园区和产业地产建设运营的实战宝典	从认知、策划、招商到运营全面了解地产策划
	人文商业地产策划 戴欣明　著	城市与商业地产战略定位的关键是不可复制性,要发现独一无二的"味道"	突破千城一面的策划困局
	电影院的下一个黄金十年:开发·差异化·案例 李保煜　著	对目前电影院市场存大的问题及如何解决进行了探讨与解读	多角度了解电影院运营方式及代表性案例

经营类:企业如何赚钱,如何抓机会,如何突破,如何"开源"

	书名. 作者	内容/特色	读者价值
抓方向	**让经营回归简单. 升级版** 宋新宇　著	化繁为简抓住经营本质:战略、客户、产品、员工、成长	经典,做企业就这几个关键点!
	公司由小到大要过哪些坎 卢　强　著	老板手里的一张"企业成长路线图"	现在我在哪儿,未来还要走哪些路,都清楚了
	企业二次创业成功路线图 夏惊鸣　著	企业曾经抓住机会成功了,但下一步该怎么办?	企业怎样获得第二次成功,心里有个大框架了
	老板经理人双赢之道 陈　明　著	经理人怎养选平台、怎么开局,老板怎样选/育/用/留	老板生闷气,经理人牢骚大,这次知道该怎么办了
	简单思考:AMT 咨询创始人自述 孔祥云　著	著名咨询公司(AMT)的 CEO 创业历程中点点滴滴的经验与思考	每一位咨询人,每一位创业者和管理经营者,都值得一读
	企业文化的逻辑 王祥伍　黄健江　著	为什么企业绩效如此不同,解开绩效背后的文化密码	少有的深刻,有品质,读起来很流畅
	使命驱动企业成长 高可为　著	钱能让一个人今天努力,使命能让一群人长期努力	对于想做事业的人,'使命'是绕不过去的
思维突破	**移动互联新玩法:未来商业的格局和趋势** 史贤龙　著	传统商业、电商、移动互联,三个世界并存,这种新格局的玩法一定要懂	看清热点的本质,把握行业先机,一本书搞定移动互联网
	画出公司的互联网进化路线图:用互联网思维重塑产品、客户和价值 李　蓓　著	18 个问题帮助企业一步步梳理出互联网转型思路	思路清晰、案例丰富,非常有启发性
	重生战略:移动互联网和大数据时代的转型法则 沈　拓　著	在移动互联网和大数据时代,传统企业转型如同生命体打算与再造,称之为"重生战略"	帮助企业认清移动互联网环境下的变化和应对之道
	创造增量市场:传统企业互联网转型之道 刘红明　著	传统企业需要用互联网思维去创造增量,而不是用电子商务去转移传统业务的存量	教你怎么在"互联网 +"的海洋中创造实实在在的增量
	7 个转变,让公司 3 年胜出 李　蓓　著	消费者主权时代,企业该怎么办	这就是互联网思维,老板有能这样想,肯定倒不了

续表

思维突破	跳出同质思维，从跟随到领先 郭　剑　著	66个精彩案例剖析，帮助老板突破行业长期思维惯性	做企业竟然有这么多玩法，开眼界
思维突破	麻烦就是需求　难题就是商机 卢根鑫　著	如何借助客户的眼睛发现商机	什么是真商机，怎么判断、怎么抓，有借鉴
思维突破	互联网+"变"与"不变"：本土管理实践与创新论坛集萃·2016 本土管理实践与创新论坛　著	加速本土管理思想的孕育诞生，促进本土管理创新成果更好地服务企业、贡献社会	各个作者本年度最新思想，帮助读者拓宽眼界、突破思维
财务	写给企业家的公司与家庭财务规划——从创业成功到富足退休 周荣辉　著	本书以企业的发展周期为主线，写各阶段企业与企业主家庭的财务规划	为读者处理人生各阶段企业与家庭的财务问题提供建议及方法，让家庭成员真正享受财富带来的益处
财务	互联网时代的成本观 程　翔　著	本书结合互联网时代提出了成本的多维观，揭示了多维组合成本的互联网精神和大数据特征，论述了其产生背景、实现思路和应用价值	在传统成本观下为盈利的业务，在新环境下也许就成为亏损业务。帮助管理者从新的角度来看待成本，进一步做好精益管理

管理类：效率如何提升，如何实现经营目标，如何"节流"

	书名．作者	内容/特色	读者价值
通用管理	1. 让管理回归简单．升级版 2. 让经营回归简单．升级版 3. 让用人回归简单 宋新宇　著	宋博士的"简单"三部曲，影响20万读者，非常经典	被读者热情地称作"中小企业的管理圣经"
通用管理	分股合心：股权激励这样做 段　磊　周　剑　著	通过丰富的案例，详细介绍了股权激励的知识和实行方法	内容丰富全面、易读易懂，了解股权激励，有这一本就够了
通用管理	边干边学做老板 黄中强　著	创业20多年的老板，有经验、能写、又愿意分享，这样的书很少	处处共鸣，帮助中小企业老板少走弯路
通用管理	阿米巴经营的中国模式 李志华　著	让员工从"要我干"到"我要干"，价值量化出来	阿米巴在企业如何落地，明白思路了
通用管理	中国式阿米巴落地实践之激活组织 胡八一　著	重点讲解如何科学划分阿米巴单元，阐述划分的实操要领、思路、方法、技术与工具	最大限度减少"推行风险"和"摸索成本"，利于公司成功搭建适合自身的个性化阿米巴经营体系
通用管理	欧博心法：好管理靠修行 曾　伟　著	用佛家的智慧，深刻剖析管理问题，见解独到	如果真的有'中国式管理'，曾老师是其中标志性人物
流程管理	1. 用流程解放管理者 2. 用流程解放管理者2 张国祥　著	中小企业阅读的流程管理、企业规范化的书	通俗易懂，理论和实践的结合恰到好处
流程管理	跟我们学建流程体系 陈立云　著	畅销书《跟我们学做流程管理》系列，更实操，更细致，更深入	更多地分享实践，分享感悟，从实践总结出来的方法论
质量管理	**1. ISO9001：2015新版质量管理体系详解与案例文件汇编** **2. ISO14001：2015新版环境管理体系详解与案例文件汇编** 谭洪华　著	紧密围绕2015新版，逐条详细解读，工具也可以直接套用，易学易上手	企业认证、内审必备
战略落地	重生——中国企业的战略转型 施　炜　著	从前瞻和适用的角度，对中国企业战略转型的方向、路径及策略性举措提出了一些概要性的建议和意见	对企业有战略指导意义
战略落地	公司大了怎么管：从靠英雄到靠组织 AMT 金国华　著	第一次详尽阐释中国快速成长型企业的特点、问题及解决之道	帮助快速成长型企业领导及管理团队理清思路，突破瓶颈
战略落地	低效会议怎么改：每年节省一半会议成本的秘密 AMT 王玉荣　著	教你如何系统规划公司的各级会议，一本工具书	教会你科学管理会议的办法

续表

战略落地	**年初订计划,年尾有结果:战略落地七步成诗** AMT 郭晓　著	7 个步骤教会你怎么让公司制定的战略转变为行动	系统规划,有效指导计划实现
人力资源	**回归本源看绩效** 孙　波　著	让绩效回顾"改进工具"的本源,真正为企业所用	确实是来源于实践的思考,有共鸣
	世界 500 强资深培训经理人教你做培训管理 陈　锐　著	从 7 大角度具体细致地讲解了培训管理的核心内容	专业、实用、接地气
	曹子祥教你做激励性薪酬设计 曹子祥　著	以激励性为指导,系统性地介绍了薪酬体系及关键岗位的薪酬设计模式	深入浅出,一本书学会薪酬设计
	曹子祥教你做绩效管理 曹子祥　著	复杂的理论通俗化,专业的知识简单化,企业绩效管理共性问题的解决方案	轻松掌握绩效管理
	把招聘做到极致 远　鸣　著	作为世界 500 强高级招聘经理,作者数十年招聘经验的总结分享	带来职场思考境界的提升和具体招聘方法的学习
	人才评价中心．超级漫画版 邢　雷　著	专业的主题,漫画的形式,只此一本	没想到一本专业的书,能写成这效果
	走出薪酬管理误区 全怀周　著	剖析薪酬管理的 8 大误区,真正发挥好枢纽作用	值得企业深读的实用教案
	集团化人力资源管理实践 李小勇　著	对搭建集团化的企业很有帮助,务实,实用	最大的亮点不是理论,而是结合实际的深入剖析
	我的人力资源咨询笔记 张　伟　著	管理咨询师的视角,思考企业的 HR 管理	通过咨询师的眼睛对比很多企业,有启发
	本土化人力资源管理 8 大思维 周　剑　著	成熟 HR 理论,在本土中小企业实践中的探索和思考	对企业的现实困境有真切体会,有启发
	HRBP 是这样炼成的之"菜鸟起飞" 新　海　著	以小说的形式,具体解析 HRBP 的职责,应该如何操作,如何为业务服务	实践者的经验分享,内容实务具体,形式有趣
企业文化	**华夏基石方法:企业文化落地本土实践** 王祥伍　谭俊峰　著	十年积累、原创方法、一线资料,和盘托出	在文化落地方面真正有洞察,有实操价值的书
	企业文化的逻辑 王祥伍　著	为什么企业之间如此不同,解开绩效背后的文化密码	少有的深刻,有品质,读起来很流畅
	企业文化激活沟通 宋杼宸　安　琪　著	透过新任 HR 总经理的眼睛,揭示出沟通与企业文化的关系	有实际指导作用的文化落地读本
	在组织中绽放自我:从专业化到职业化 朱仁健　王祥伍　著	个人如何融入组织,组织如何助力个人成长	帮助企业员工快速认同并投入到组织中去,为企业发展贡献力量
	企业文化定位·落地一本通 王明胤　著	把高深枯燥的专业理论创建成一套系统化、实操化、简单化的企业文化缔造方法	对企业文化不了解,不会做? 有这一本从概念到实操,就够了
生产管理	**高员工流失率下的精益生产** 余伟辉　著	中国的精益生产必须面对和解决高员工流失率问题	确实来源于本土的工厂车间,很务实
	车间人员管理那些事儿 岑立聪　著	车间人员管理中处理各种"疑难杂症"的经验和方法	基层车间管理者最闹心、头疼的事,'打包'解决
	1. 欧博心法:好管理靠修行 **2. 欧博心法:好工厂这样管** 曾　伟　著	他是本土最大的制造业管理咨询机构创始人,他从 400 多个项目、上万家企业实践中锤炼出的欧博心法	中小制造型企业,一定会有很强的共鸣

续表

生产管理	**欧博工厂案例1:生产计划管控对话录** **欧博工厂案例2:品质技术改善对话录** **欧博工厂案例3:员工执行力提升对话录** 曾　伟　著	最典型的问题、最详尽的解析,工厂管理9大问题27个经典案例	没想到说得这么细,超出想象,案例很典型,照搬都可以了
	苦中得乐:管理者的第一堂必修课 曾　伟　编著	曾伟与师傅大愿法师的对话,佛学与管理实践的碰撞,管理禅的修行之道	用佛学最高智慧看透管理
	比日本工厂更高效1:管理提升无极限 刘承元　著	指出制造型企业管理的六大积弊;颠覆流行的错误认知;掌握精益管理的精髓	每一个企业都有自己不同的问题,管理没有一剑封喉的秘笈,要从现场、现物、现实出发
	比日本工厂更高效2:超强经营力 刘承元　著	企业要获得持续盈利,就要开源和节流,即实现销售最大化,费用最小化	掌握提升工厂效率的全新方法
	比日本工厂更高效3:精益改善力的成功实践 刘承元　著	工厂全面改善系统有其独特的目的取向特征,着眼于企业经营体质(持续竞争力)的建设与提升	用持续改善力来飞速提升工厂的效率,高效率能够带来意想不到的高效益
	3A顾问精益实践1:IE与效率提升 党新民　苏迎斌　蓝旭日　著	系统的阐述了IE技术的来龙去脉以及操作方法	使员工与企业持续获利
	3A顾问精益实践2:JIT与精益改善 肖志军　党新民　著	只在需要的时候,按需要的量,生产所需的产品	提升工厂效率
员工素质提升	**跟老板"偷师"学创业** 吴江萍　余晓雷　著	边学边干,边观察边成长,你也可以当老板	不同于其他类型的创业书,让你在工作中积累创业经验,一举成功
	销售轨迹:一位快消品营销总监的拼搏之路 秦国伟　著	本书讲述了一个普通销售员打拼成为跨国企业营销总监的真实奋斗历程	激励人心,给广大销售员以力量和鼓舞
	在组织中绽放自我:从专业化到职业化 朱仁健　王祥伍　著	个人如何融入组织,组织如何助力个人成长	帮助企业员工快速认同并投入到组织中去,为企业发展贡献力量
	企业员工弟子规:用心做小事,成就大事业 贾同领　著	从传统文化《弟子规》中学习企业中为人处事的办法,从自身做起	点滴小事,修养自身,从自身的改善得到事业的提升
	手把手教你做顶尖企业内训师:TTT培训师宝典 熊亚柱　著	从课程研发到现场把控、个人提升都有涉及,易读易懂,内容丰富全面	想要做企业内训师的员工有福了,本书教你如何抓住关键,从入门到精通

营销类:把客户需求融入企业各环节,提供"客户认为"有价值的东西

	书名.作者	内容/特色	读者价值
营销模式	**动销操盘:节奏掌控与社群时代新战法** 朱志明　著	在社群时代把握好产品生产销售的节奏,解析动销的症结,寻找动销的规律与方法	都是易读易懂的干货!对动销方法的全面解析和操盘
	变局下的营销模式升级 程绍珊　叶　宁　著	客户驱动模式、技术驱动模式、资源驱动模式	很多行业的营销模式被颠覆,调整的思路有了!
	卖轮子 科克斯【美】	小说版的营销学!营销理念巧妙贯穿其中,贵在既有趣,又有深度	经典、有趣!一个故事读懂营销精髓
	弱势品牌如何做营销 李政权　著	中小企业虽有品牌但没名气,营销照样能做的有声有色	没有丰富的实操经验,写不出这么具体、详实的案例和步骤,很有启发

续表

营销模式	**老板如何管营销** 史贤龙　著	高段位营销16招，好学好用	老板能看，营销人也能看
	动销：产品是如何畅销起来的 吴江萍　余晓雷　著	真真切切告诉你，产品究竟怎么才能卖出去	击中痛点，提供方法，你值得拥有
销售	**资深大客户经理：策略准，执行狠** 叶敦明　著	从业务开发、发起攻势、关系培育、职业成长四个方面，详述了大客户营销的精髓	满满的全是干货
	销售是门专业活：B2B、工业品 陆和平　著	销售流程就应该跟着客户的采购流程和关注点的变化向前推进，将一个完整的销售过程分成十个阶段，提供具体方法	销售不是请客吃饭拉关系，是个专业的活计！方法在手，走遍天下不愁
	向高层销售：与决策者有效打交道 贺兵一　著	一套完整有效的销售策略	有工具，有方法，有案例，通俗易懂
	卖轮子 科克斯　【美】	小说版的营销学！营销理念巧妙贯穿其中，贵在既有趣，又有深度	经典、有趣！一个故事读懂营销精髓
	学话术　卖产品 张小虎　著	分析常见的顾客异议，将优秀的话术模块化	让普通导购员也能成为销售精英
组织和团队	**升级你的营销组织** 程绍珊　吴越舟　著	用"有机性"的营销组织替代"营销能人"，营销团队变成"铁营盘"	营销队伍最难管，程老师不愧是营销第1操盘手，步骤方法都很成熟
	用数字解放营销人 黄润霖　著	通过量化帮助营销人员提高工作效率	作者很用心，很好的常备工具书
	成为优秀的快消品区域经理 伯建新　著	37个"怎么办"分析区域经理的工作关键点	可以作为区域经理的'速成催化器'
	一位销售经理的工作心得 蒋　军　著	一线营销管理人员想提升业绩却无从下手时，可以看看这本书	一线的真实感悟
	快消品营销：一位销售经理的工作心得2 蒋　军　著	快消品、食品饮料营销的经验之谈，重点突出	来源于实战的精华总结
	销售轨迹：一位快消品营销总监的拼搏之路 秦国伟　著	本书讲述了一个普通销售员打拼成为跨国企业营销总监的真实奋斗历程	激励人心，给广大销售员以力量和鼓舞
组织和团队	**用营销计划锁定胜局：用数字解放营销人2** 黄润霖　著	全方位教你怎么做好营销计划，好学好用真简单	照搬套用就行，做营销计划再也不头痛
	快消品营销人的第一本书：从入门到精通 刘　雷　伯建新　著	快消行业必读书，从入门到专业	深入细致，易学易懂
产品	**产品炼金术Ⅰ：如何打造畅销产品** 史贤龙　著	满足不同阶段、不同体量、不同行业企业对产品的完整需求	必须具备的思维和方法，避免在产品问题上走弯路
	产品炼金术Ⅱ：如何用产品驱动企业成长 史贤龙　著	做好产品、关注产品的品质，就是企业成功的第一步	必须具备的思维和方法，避免在产品问题上走弯路
	新产品开发管理，就用IPD 郭富才　著	10年IPD研发管理咨询总结，国内首部IPD专业著作	一本书掌握IPD管理精髓
品牌	**中小企业如何建品牌** 梁小平　著	中小企业建品牌的入门读本，通俗、易懂	对建品牌有了一个整体框架
	采纳方法：破解本土营销8大难题 朱玉童　编著	全面、系统、案例丰富、图文并茂	希望在品牌营销方面有所突破的人，应该看看
	中国品牌营销十三战法 朱玉童　编著	采纳20年来的品牌策划方法，同时配有大量的案例	众包方式写作，丰富案例给人启发，极具价值
	今后这样做品牌：移动互联时代的品牌营销策略 蒋军　著	与移动互联紧密结合，告诉你老方法还能不能用，新方法怎么用	今后这样做品牌就对了

续表

品牌	**中小企业如何打造区域强势品牌** 吴之　著	帮助区域的中小企业打造自身品牌,如何在强壮自身的基础上往外拓展	梳理误区,系统思考品牌问题,切实符合中小区域品牌的自身特点进行阐述
渠道通路	**快消品营销与渠道管理** 谭长春　著	将快消品标杆企业渠道管理的经验和方法分享出来	可口可乐、华润的一些具体的渠道管理经验,实战
	传统行业如何用网络拿订单 张　进　著	给老板看的第一本网络营销书	适合不懂网络技术的经营决策者看
	采纳方法:化解渠道冲突 朱玉童　编著	系统剖析渠道冲突,21个渠道冲突案例、情景式讲解,37篇讲义	系统、全面
	学话术　卖产品 张小虎　著	分析常见的顾客异议,将优秀的话术模块化	让普通导购员也能成为销售精英
	向高层销售:与决策者有效打交道 贺兵一　著	一套完整有效的销售策略	有工具,有方法,有案例,通俗易懂
	通路精耕操作全解:快消品20年实战精华 周　俊　陈小龙　著	通路精耕的详细全解,每一步的具体操作方法和表单全部无保留提供	康师傅二十年的经验和精华,实践证明的最有效方法,教你如何主宰通路

思想·文化

	书名．作者	内容/特色	读者价值
思想·文化	**每个中国人身上的春秋基因** 史贤龙　著	春秋368年(公元前770－公元前403年),每一个中国人都可以在这段时期的历史中找到自己的祖先,看到真实发生的事件,同时也看到自己	长情商、识人心
	史幼波中庸讲记(上下册) 史幼波　著	全面、深入浅出地揭示儒家中庸文化的真谛	儒释道三家思想融汇贯通
	史幼波心经讲记(上下册) 史幼波　著	句句精讲,句句透彻,佛法经典的多角度阐释	通俗易懂,将深刻的教理以浅显的语言讲出来
	史幼波大学讲记 史幼波　著	用儒释道的观点阐释大学的深刻思想	一本书读懂传统文化经典
	史幼波《周子通书》《太极图说》讲记 史幼波　著	把形而上的宇宙、天地,与形而下的社会、人生、经济、文化等融合在一起	将儒家的一整套学修系统融合起来